Movidos
Por La Fe

Por Marisa Aponte

Propiedad intelectual protegido por Marisa Aponte

Movidos Por La Fe
por Marisa Aponte

Impreso en los Estados Unidos

ISBN 9781628393842

Todos los derechos reservados por parte del autor. El autor garantiza que todo el contenido de este libro es original y que no infringe los derechos de cualquier otra persona u obra. Ninguna parte de este libro puede ser reproducido en ninguna forma sin el permiso del autor. Las expresiones y opiniones en este libro no son necesariamente las del publicador.

Sino esta indicado, citas de la Biblia son de Reina Valera. Propiedad intelectual Copyright © 1960 by Broadman & Holman Publishers, Nashville.

www.xulonpress.com

Portada por Dan Aponte

DEDICATORIA

Este libro está dedicado a varias personas, en primer lugar a Dios y a todos los niños del mundo para que tengan una vida más sana y llena del amor de Dios y así no equivoquen sus caminos en su pasar por la tierra. También quiero dedicarlo a un hombre que me ha inspirado y me ha apoyado para yo seguir los caminos de Dios; ha sido mi amigo, consejero, mi cómplice, mi esposo, el señor Orlando Aponte. Mi amor, te doy gracias por haberme hecho la mujer más feliz del mundo durante todos estos 25 años de matrimonio.

A mis tres hijos, que también han sido mi inspiración, pensando en ellos escribí varios capítulos. Especialmente a mi hija Elizabeth quien me ha ayudado a que este libro en parte sea posible, también a mis hijos Noemí y Raúl espero que conozcan a Dios como yo, bendiciones para los tres. Por último y no menos reconocido al Pastor donde por primera vez acepté al señor como mi único Salvador y donde me bauticé, el señor Ángel Luis Rosado y a mis pastores Alex y Lilly Mendieta de la Iglesia de Dios El Faro.

Que Dios los bendiga a todos.

Prólogo 1

"Tengo el enorme placer de felicitar la autora de este libro; ella no solo es mi amiga, si no la mujer que me dio la vida y que por sus constantes oraciones a nuestro Señor Jesucristo, hoy tengo el privilegio de conocer el amor y la miscricordia que nos da. Si bien aprecio todo el trabajo realizado por esta excelente mujer, considero importante confesar mi preferencia por esta magnífica obra literaria que se caracteriza por su exposición del Evangelio a través de unos personajes que van por el mundo haciendo la voluntad de Jehová, sobre todo y principalmente a esta obra se le suma la unción de nuestro Señor y la guía del Espíritu Santo, donde queda expuesta la dedicación que mi madre expuso cuando el Señor le entregó esta obra en sus manos. Es notable la sencillez con la que se explican los acontecimientos de los protagonistas donde cada uno cautivará al lector, con o sin conocimientos cristianos, y deleitará a nuestros niños y a todo persona que lea esta obra".

Madre, te amo y te admiro por tu perseverancia en los caminos de nuestro señor Jesucristo y te exhorto a que sigas este camino y que la unción de Dios siempre esté contigo. Gracias por ser amiga, madre, consejera y siempre estar ahí para mí.

Por Elizabeth Rodríguez

PRÓLOGO II

Soy el Pastor de María, quien se inspiró a escribir este libro que será de bendición para nuestras vidas, ella es una mujer de Dios que quiere expresar en estas líneas, el deseo de su corazón.

A través de esta narrativa, María nos entrega una preciosa aventura, que trata de explicarnos los acontecimientos de la vida y cómo tenemos que enfrentarnos a cada una de ellas; los personajes ficticios nos dan una muestra de ello, y cómo si dejamos que sea Dios quien nos fortalezca, podemos cumplir con la misión que él nos ha encomendado.

Aunque está dirigido a los infantes, es necesario que los adultos nos involucremos en la lectura de este libro, y así ser socios con ellos, para que así puedan entender que Dios los está llamando a servirle.

Iniciemos este viaje de aventuras, que sin duda te va a bendecir y podrás darte cuenta del caminar de un cristiano, bajo la visión de unos personajes hermosos y llenos del amor de Dios

Bendiciones
Pastor Alex Mendieta
Iglesia de Dios El Faro

Érase una niña llamada Mariosa, la cual quería caminar el mundo entero llevando sus experiencias con Jesús el Dios crucificado. Quería que todos los niños del mundo conocieran su amor por él y su fe. Ella era una niña osa con cabello rubio y ojos marrones. Viste siempre con trajes rosados pues es su color favorito, usa botas para así caminar mejor por el campo. Tan feliz se sentía Mariosa que decidió emprender su viaje, pero antes de salir de su casa Mariosa debía contar con sus padres, porque ella es muy obediente tanto con sus padres como con las leyes de Dios. Entonces dobló sus rodillitas y miró hacia el cielo. Pidió en voz alta a Jesús que le ayudara y caminara con ella en su cita con los niños del mundo entero para llevarles la palabra de Dios y poder rescatar a muchos niños de las garras del mal. También oró para que sus padres le dieran el permiso. Mariosa es una niña muy familiar y ama a sus padres con todo su corazón, amor que es correspondido por sus padres, ya que es hija única. Le dijo a sus padres que quería tener una reunión con ellos, que la escucharan y luego ellos decidieran. Les explicó del llamado que había recibido de parte de Dios y les pidió su aprobación para emprender su viaje por el mundo. Mariosa sabía que Dios estaba en control de la situación. Para su sorpresa sus padres le permitieron hacer el viaje, pero con una condición. Ellos estarían cerca de ella siempre y ella tenía que mantenerlos informados de donde estaba. Entonces Mariosa hizo su oración de partida. Ya en camino por el bosque se encontró con un niño oso que había salido de su casa y estaba perdido; tenía frío y miedo. Es un oso de un color muy bonito como un ámbar claro y tiene la boca y todo el hocico color blanco y los ojos negros azabaches, su rabo es muy pequeño. Viste pantalones cortos y suéter. Mariosa, que llevaba su mochila con provisiones y comestibles, le dio de comer. Lo cubrió con una manta y le preguntó, "¿Cómo te llamas?"

 Él le contesto, "Me llamo Perroso; ¿y tú?" y ella contestó, "Yo soy Mariosa. ¿Qué haces solo en el bosque?" preguntó Mariosa. Perroso contestó, "Salí a dar un paseo y me perdí y no supe como volver. Pero, y tú— ¿por qué andas sola?" Pero en esos momentos se escucharon unas pisadas muy cerca de ellos y los dos corrieron a esconderse. De pronto apareció un águila blanca y negra muy grande que picaba las hojas del bosque, buscando comida. Rápidamente Mariosa y Perroso salieron de su escondite y el águila quiso volar, pero no pudo. Perroso le preguntó, "¿Qué pasa, por qué no puedes volar?" pero inmediatamente se dio cuenta que tenía una ala rota y Mariosa le dijo, "¿Por qué tienes una ala rota?" Si, las águilas vuelan muy alto y ella, mirando a los dos niñitos osos les dijo, "Estaba yo volando y vi a un cazador de patos que trataba de dispararle a un pobre patito. Traté de rescatarlo y entonces yo caí herida; aquí he estado varios días sin poder volar." Entonces Mariosa buscó en su mochila y empezó a curarle el ala al águila. Así pasaron unos días y Mariosa les relató a sus dos amigos nuevos el propósito por el cual ella había emprendido un viaje. Los dos amigos nuevos decidieron acompañar a Mariosa en su viaje y ayudarla a cumplir su campaña misionera. El águila expandió sus alas y dijo, "Ya estoy curada; ya puedo volar— por lo tanto yo los llevaré y seré su medio de transportación por el mundo." Así Mariosa y Perroso montaron sobre el lomo de aquel águila precioso que abrió sus bellas alas y empezó a volar con su preciosa carga.

Cruzaron campos y valles donde a veces se encontraron con vientos fuertes y tormentas, pero el águila sabía de escondites en las montañas donde podían descansar y dormir. Por fin llegaron a una ciudad donde había unas montañas muy altas y allí acamparon. Mientras Mariosa y Perroso se preparaban para caminar por la ciudad a visitar a los niños que ahí vivían, oyeron muy cerca de ellos un aullido como el de un lobo. Caminaron un poco y ahí estaba; era un niño lobo pequeño de color gris y ojos y nariz negra. También vestía pantalón corto y suéter. Y les preguntó, "¿Qué hacen ustedes por aquí? Yo conozco a todos los que viven en esta montaña y a ustedes nunca los había visto."

Entonces ellos le contaron que habían venido de muy lejos y lo que pensaban hacer. Siguieron su camino mientras el águila los seguía desde el aire cuando ya habían bajado la montaña y se dirigían a un grupo de niños que jugaban se dieron cuenta que alguien los seguía, miraron hacia atrás y ahí estaba, era el lobo pequeño que los había seguido y ellos le preguntaron, "¿Por qué nos seguiste?" y él les contestó; "Quiero unirme a ustedes en su viaje misionero y ayudarlos, porque también creo en Jesucristo". Entonces Mariosa les dijo, "Ok, pero primero antes de hablarle a estos niños vamos a orar, porque siempre debemos orar antes de hablarle a alguien de Jesús y también pedirle a Dios que nos de palabra y sabiduría para que sea él quien hable por nosotros".

Así los cuatro se juntaron y oraron a Jesucristo, el Rey de Reyes y entonces llegaron donde estaban los niños quienes estaban jugando y se quedaron mirando y dejaron de jugar y entre ellos murmuraban: "No podemos creerlo son ositos y lobos y un águila", pero algo hizo que los niños no se movieran y entonces Perroso les dijo: "Bendecidos sean porque son al igual que nosotros, obra de Dios". Entonces el Águila abrió sus alas y Lobo dijo: "Caminemos a la sombra del águila y sentémonos debajo de aquel árbol que tiene las flores de colores. Vinimos a traerles un mensaje de amor y nos gustaría que nos escuchen, queremos llevarles este mensaje a ustedes como a todos los niños del mundo." Los niños se sentaron sin todavía creer lo que estaban viendo. Pero en ese momento Mariosa miró al cielo y les dijo: "Quiero que miren al cielo conmigo porque quiero que sepan que allá está el Padre de todos nosotros, el que nos creó, el cual tiene un hijo llamado Jesús. El padre un día envió a su hijo a la tierra hecho hombre a semejanza de ustedes los niños y que nació en un pesebre donde dormían solamente animales. Pero él nació pobre para que nosotros fuéramos ricos. Sí, ricos en amor no solamente a nosotros mismos, sino para amarnos los unos a los otros, aun sin conocernos, aun a los que hacen mal, también a nuestros padres no importando como sean, pero sobre todo amarlo a él, si a Dios sobre todas las cosas del mundo. Jesús creció y llevó esta palabra por todos los sitios donde caminó. Predicó que él moriría pero que resucitaría a los tres días y sería glorificado por Dios su padre y sería el Rey de Reyes porque un día regresaría con toda su gloria a la tierra y todos los que hicieron su voluntad vivirían para siempre con él en su reino, por eso hoy hemos venido a decirles a ustedes hijos de Dios que sean buenos niños que no hagan cosas malas, que amen a sus padres, amigos, y aun a sus enemigos, que no se entreguen completamente a los juegos de videos, ni a la televisión, que se alejen de lo negativo y que saquen tiempo para orar antes de acostarse y cuando se levanten por la mañana. Vayan a la iglesia y si sus padres no van, busquen a un amigo que los lleve, porque serán ejemplo para sus mismos padres y ellos en algún momento también los acompañarán. Es también muy importante que lean la Biblia, sino tienen una, compren una aunque sea con el dinero que les dan sus padres y cuando crezcan que sean hombres que puedan enseñarles a sus hijos lo que de pequeños han aprendido, de esa manera podemos estar listos para cuando Jesús regrese vivo a buscar a su iglesia." "Sí, vivo porque él es un Dios vivo y no uno muerto", dijo Lobo, y el águila que estaba en el árbol dijo: "Yo que tengo alas y puedo volar, me gustaría volar muy alto para ver si me puedo encontrar con Jesús aunque sé que nunca llegaré tan alto". Después de mucho rato, los cuatro amigos se despidieron de los niños y les dijeron: "Queremos que ustedes sigan nuestros consejos para que sean unos niños buenos y crezcan con un solo pensamiento: amar a Dios sobre todas las cosas del mundo también a su prójimo como a ustedes mismos y a sus padres siempre. Recuerden nosotros los amamos mucho y esperamos cuando volvamos, porque volveremos, que sean unos niños que también prediquen la palabra de Dios y lleguen a ser hombres y mujeres de Dios para siempre."

Así partieron los cuatro amigos buscando almas para predicarle y al partir montados en aquel águila tan grande. De pronto a Mariosa se le ocurre una idea y dijo: "Tenemos un medio de transporte que nos dio Papá Dios y no le hemos puesto nombre, quiero ponerle un nombre" y entonces Perroso sugirió, como ella vino del cielo yo le llamaría Ángel Wings y a Lobo y Mariosa les gustó y le dijeron al águila Ángel Wings será tu nombre y al águila le gustó su nombre y voló dando vueltas de lo feliz que estaba y de pronto con tantas vueltas Lobo se cae del lomo de Ángel Wings y empezaron Mariosa y Perroso; "Por favor vuela hacia abajo rápido, Lobo se va a matar" pero por más que avanzaban no lo podían alcanzar, pero de momento bajó del cielo una luz divina que se convirtió en una mano milagrosa que sostuvo a Lobo en el vacío poniéndolo sobre el águila nuevamente y se escuchó una voz como de trueno que les dijo: "Yo siempre estaré con ustedes, yo Jesús de Nazaret los cuidaré dondequiera que vayan," y la luz desapareció. Todos se quedaron con la boca abierta y empezaron a orar para darle gracias a Dios por estar con ellos cuidándolos y salvar a Lobo. Siguieron su camino después de orar y darles gracias a Dios, de momento vieron algo que los dejó asombrados, dos perros peleando con furia y salvajemente, pero ellos no estaban solos, habían muchos hombres disfrutando de eso, que para ellos era un deporte. Mariosa le dijo a Ángel Wings: "Por favor desciende y pasa cerca de las cabezas de esos hombres". Cuando ellos vieron la sombra tan grande que los cubría, miraron hacia arriba y se asustaron mucho, trataron de correr, cuando Perroso se levantó encima del águila, le siguió Mariosa y Lobo, todos estaban asustados y hasta los perros dejaron de pelear para ver los cuatro amigos que los miraban llenos de coraje y así Mariosa les habló diciendo: "Que Jehová sea con ustedes" y todos murmuraron; "Están hablando", y Mariosa contestó: "Si hablamos y lo que ustedes están haciendo es algo muy feo y muy salvaje y todo por dinero. El dinero es el culpable de muchas cosas como estas en el mundo, pero quiero decirles a ustedes que nosotros venimos en nombre de Jesucristo el hijo de Dios, que también fue golpeado y escupido, maltratado y crucificado salvajemente y el vino al mundo hecho hombre y sabía que tenía que pasar por todo eso, porque Jehová su padre nos hizo una promesa que tenía que cumplirse, que su hijo moriría por nosotros para que ustedes fueran perdonados por la sangre de Jesucristo. Avergüéncense de lo que están haciendo, poniendo dos animalitos a derramar su sangre, desgarrarse y despedazarse mientras ustedes gozan mirando solo por dinero. Ellos son animales pero también son una creación de Dios y los deben de cuidar y protegerlos pero no maltratarlos. En este momento quiero que se arrodillen y le pidan perdón a Dios por sus conductas y prometer que nunca más lo harán. Por favor suelten a los perritos"; y entonces aquellos hombres lloraron y arrodillados en el suelo le pedían perdón a Dios y declararon que nunca más volverían hacerlo y la aparición y las palabras que recibieron de boca de Mariosa y de sus amigos, que de ahora en adelante visitarían la iglesia y reconocerían que Jesús es su único salvador.

Luego los cuatro amigos partieron de nuevo en busca de lugares para predicar y Ángel Wings volaba tranquilamente cuando de momento se encuentran con una nube obscura llena de relámpagos que se movía en círculos, era enorme y llegaba hasta lo más alto del cielo. Era un tornado, pero sin darse cuenta estaban dentro de él y los cuatro amigos eran sacudidos fuertemente de un lado para el otro y Ángel Wings no podía con los vientos perdiendo varias plumas y Perroso, Lobo y Mariosa se agarraban a él tan fuerte que hasta lo lastimaban, pero entonces apareció aquella mano que los había salvado cuando Lobo estuvo a punto de caer al vacío y aquel viento recio desapareció, porque la mano poderosa los sacó de aquel tornado y las plumas que Ángel Wings había perdido fueron remplazadas por aquella mano divina. Y desde aquel momento ellos dijeron que de ahora en adelante nunca más sentirían miedo, porque sabemos que estamos protegidos por el Todopoderoso y siguieron sus caminos dando gracias a Dios en el nombre de su hijo Jesús. Entonces bajaron en un pueblo donde decidieron descansar y comer algo de lo que Mariosa llevaba en su mochila. Después de comer decidieron descansar un tiempo para luego salir a buscar grupos de niños para predicarles la palabra de Dios. Cuando ya se sentían mejor comenzaron a caminar, en ese instante vieron muchos policías y gente aglomerada frente a una escuela y escucharon niños llorando y señoras también, se acercaron poco a poco para no llamar la atención, pues para todos ellos no era posible que dos osos, un lobo y un águila estuvieran tan cerca de la gente. Lentamente continuaron acercándose y escucharon lo que estaba pasando allí. Había entrado a la escuela un hombre vestido de soldado y amenazaba con matar los niños que en esa escuela estudiaban. Tenían niños como rehenes y nadie podía convencerlo de que no le hiciera daño a los niños y maestros que lloraban sin consuelo llenos de terror y los maestros como buenos seres humanos que amaban a sus estudiantes ponían sus cuerpos en posiciones de escudo cubriéndolos, porque preferían morir ellos antes que los niños. En ese momento Mariosa y sus tres amigos fueron levantados por la mano poderosa y una voz fuerte como de un trueno, pero dulce y piadosa les habló diciéndoles: "Ustedes salvarán a los niños porque son mis misioneros y yo los guiaré por el mundo para llevar mi palabra que es la verdad porque el fin de este mundo está muy cerca y pronto mi hijo el Rey de Reyes regresará a la tierra con su santa gloria y les dará la herencia que yo les prometí; un paraíso donde ya no habrá más muerte, ni dolor y solamente vivirán los que hicieran mi voluntad". Rápidamente fueron levantados y puestos frente a la puerta de la escuela y todos los policías y la gente que allí estaba no podían creer lo que estaban viendo, cuando una nube depositó frente a la puerta de la escuela a los cuatro amigos, en ese instante crecieron y se pusieron grandes y feroces que daban miedo; los policías se prepararon a dispararle porque tenían miedo al ver dos osos gigantes y un lobo feroz y un águila más grande que un avestruz, pero mas fue la sorpresa de ellos cuando Mariosa les habló y les dijo: "No disparen, somos misioneros enviados por Dios y salvaremos a los niños", entonces los policías bajaron sus armas y rápidamente Perroso derribó aquella puerta como si fuera de papel, Lobo corrió y mordió la mano de aquel hombre que sostenía el arma pero más grande fue el susto del hombre cuando aquella águila gigante se le lanzó encima y lo levantó con sus garras y lo dejó caer en los brazos de Perroso. Fue tan grande el susto de aquel hombre que se desmayó y entonces aquellos niños y aquellas maestras también se asustaron al ver esos animales tan grandes, pero al mismo tiempo al ver lo que hicieron se tranquilizaron y Mariosa se encargaba de decirles: "No tengan miedo somos amigos que vinimos a salvarlos".

La policía se hizo cargo del hombre y todos los padres y familiares entraron a buscar a sus niños. En ese momento, los cuatro amigos ante el asombro de todos volvieron a su tamaño normal, pero Mariosa les habló a todos los allí presente y les dijo: "Nosotros venimos de muy lejos y somos unos niños escogidos por Jesucristo para llevar por todo el mundo las noticias de que todos ustedes sepan que Jesús vino a la tierra y murió por nuestros pecados y queremos que todos deben portarse bien y orar, porque él volverá a buscar a su iglesia y no es una de cuatro paredes sino su pueblo que es todo aquel ha hecho su voluntad, la cual está escrita en la Biblia y deben leer. También deben visitar a los enfermos, los ancianos y los que están en la cárcel y llévenle este testimonio y salven almas para Dios". Luego se despidieron todos los niños y los padres daban gracias y los abrazaban y todos los que estaban allí querían agradecerles y verlos.

Montados en Ángel Wings se marcharon pero hicieron una parada donde estaba el hombre que había despertado del desmayo y se acercaron a él y Perroso le dijo: "Somos nosotros grandes animales que te libraron de cometer el error de tu vida, vinimos a hablarte para que te arrepientas de los que hiciste y nunca más pienses en algo tan macabro". Entonces el hombre les dijo: "No sé porque yo quería hacer eso, fue una voz que me dijo que imitara a otros que habían hecho lo mismo en otras escuelas y en otros sitios también". Lobo le dijo: "Nadie debe hacer caso de esas voces, porque provienen del enemigo, porque él sabe que le queda poco tiempo y quiere hacer que muchas personas como tú, cometan crímenes para que cuando Jesús el hijo de Dios regrese no pueda rescatar a muchos", y aquel hombre que estaba detenido por la policía se arrodilló y lloró pidiendo perdón y prometiendo nunca más alejarse de Dios, porque quería ser rescatado por Jesús y Ángel Wings le dijo: "Si sinceramente estás arrepentido delante de él, ya estás perdonado y nunca más te alejes de su presencia". Ya cuando se marchaban unos padres que los habían seguido le dieron un regalo y cuando lo abrieron eran muchos comestibles que le darían para muchos días de viaje. Mariosa procedió rápidamente a ponerlos en su mochila donde ya no le quedaba nada. Luego Ángel Wings alzó su vuelo con su preciosa carga mientras los niños y todo el pueblo les decían adiós. Ese día y los días siguientes en ese pueblo no quedó una Biblia en las librerías y tiendas.

Ya de camino para otro pueblo, decidieron descender en un bosque para comer y descansar y Ángel Wings descendió en un lugar precioso, lleno de árboles y cascadas de agua y allí comieron y decidieron pasar la noche y dormir. Ya cuando habían pasado unas horas que estaban durmiendo Mariosa fue despertada por una mano muy suave y una voz como una melodía que le decía: "Mariosa quiero que veas algo", y ella al despertar estaba asombrada al ver un querubín precioso con las alas pequeñas y una tiara sobre su cabeza que resplandecía como una estrella y estaba montado sobre un caballito azul como el cielo y el caballo tenía ojos por todo su cuerpo y sus patas brillaban como la plata, entonces el querubín le dice a Mariosa: "No temas soy un querubín que vengo enviado del cielo, móntate que voy a llevarte para mostrarte algunas cosas", y Mariosa sin poder reponerse aún de su asombro por lo que estaba viendo, montó sobre aquel caballo precioso junto a aquel ser celestial y subieron al cielo bien alto y era tan bello todo lo que ella estaba viendo y pensó que estaba soñando, pero el querubín le dijo:

"No pienses que estás soñando porque es de verdad lo que estás viviendo", y luego de volar por largo tiempo llegaron a un sitio bello donde solo se podía observar un verdor en los árboles, una grama preciosa y verde. De los árboles colgaban las frutas frescas y llenas de color y listas para comerlas, de pronto Mariosa no pudo creer lo que veía; eran leones, tigres y muchos animales diferentes que se supone son salvajes. Estaban todos juntos y solamente comían hierba como las vacas y los caballos, era todo precioso y perfecto, era tranquilo y emanaba una paz celestial, los pajarillos cantaban melodías nunca antes escuchadas por el hombre y entonces el querubín le dijo Mariosa: "Este es el paraíso, así Jehová lo hizo antes de que el hombre pecara y así será algún día para que la humanidad que sea perdonada cuando Jesús vuelva vivo en este hermoso lugar y ya no habrá lagrimas, ni muerte, ni dolor, ni vejez y todo será perfecto como Dios lo quiso desde un principio". Después de que Mariosa vio todo a través de los ojos del caballito, pudo ver la inmensidad de aquel paraíso, el querubín le dijo: "Ahora quiero que veas algo más", y salieron otra vez y volaron por un rato y llegaron donde había una puerta grande, toda de oro puro y aquella puerta se abrió por un movimiento de la pata brillante de aquel caballo azul y aquello era algo que

Mariosa no podía ver, era una luz brillante que no dejaba que Mariosa pudiera abrir los ojos. Esta luz cubría el lugar completo, y rápidamente la puerta se cerró y Mariosa todavía no podía abrir los ojos, mas el querubín le dijo: "Esa es la gloria de Dios la cual ningún ojo terrestre puede ver porque es tan grande que podrían morir de la impresión, por eso no pudiste entrar, porque Dios es omnipotente y solamente nosotros los ángeles, los querubines y todos los seres celestiales podemos entrar al reino que está en los cielos y poder alabarlo y decirle todo el tiempo: "Santo es el Señor, pero un día su iglesia, rescatada de la tierra podrá estar con él, porqué están haciendo su voluntad y aman a Dios sobre todas las cosas del mundo y dejaron a su padre y a su madre, hijos y familia por nuestro Padre Jehová, de ellos será compuesta su iglesia y verán la gloria de Jehová. Aleluya! Santo es el señor" gritó el querubín y el caballo. Luego el querubín le dijo: "Ahora veras lo último que te voy a enseñar", y viajaron otra vez por el espacio y llegaron a un lugar muy diferente, las nubes estaban grises y alborotadas y todo era tenebroso y diferente a todo lo que había visto y se abrió una nube dándole paso y allí estaba la tierra donde Mariosa y sus amigos vivían, donde vivía toda la humanidad y Mariosa vio los hombres y mujeres, fornicando, drogándose, emborrachándose, cometiendo adulterio y matando, tatuando todo su cuerpo, odiando, no perdonando, adorando estatuas y arrodillándose ante ellas como si fueran Dios. También pudo ver como animales devoraban a los hombres, vio como los hombres les pegaban a las mujeres y también vio a los niños jugando todo el tiempo con máquinas de juegos de violencia comprados por sus propios padres, vio como las madres embarazadas mataban a sus hijos, aun sin haber nacido. También vio como los niños y adolescentes llevaban armas a las escuelas para matar a sus propios compañeros, vio la guerra, vio los desastres, los terremotos, tornados, tormentas, terroristas, la gente muriendo en cantidades y el enemigo haciendo que todos se destruyeran entre sí. Pero también vio gente que buscaba a Dios en las iglesias y oraba para que el señor Dios los protegiera y buscaban hacer su voluntad para alcanzar la vida eterna, y entonces le dijo a Mariosa: "Tú tienes que buscar más almas para salvar y ayudarlos a entender que el mejor camino los llevará a conocer y a reconocer a Jesús el hijo de Dios como su único salvador" y también le dijo, "Todo eso que viste, cada día será peor y el hombre tendrá que actuar rápido y darle a Dios el lugar que le corresponde, sacar el tiempo para él. Sabemos que el hombre tiene que trabajar y hacer otras cosas pero dentro de ese tiempo sacar un poco para Dios, porque él no pide mucho, sino un poquito, antes de que llegue el momento de la llegada de Jesús. Sí, porque no queda mucho, y se acortan los días, los meses y los años y las horas y entonces ya él no les dará más oportunidad para buscarlo y se oirán los llantos porque no podrán abordar la iglesia que subirá al cielo. Jehová perdona tus pecados pero tienen que pedírselo con verdadero arrepentimiento y los hombres cometen pecados como humanos, pero cuando estés pensando en algo que tú sabes que no le agrada a él, quítalo de tu mente y pídele perdón con temor, porque tienes que temerle al pecado y así él sabrá que lo respetas y temes de no hacer lo incorrecto ante su presencia. Porque Jehová todo lo ve y no puedes esconderte de él en ningún sitio". Después de decir estas palabras el querubín se preparó con su caballito y le dijo: "Ahora Mariosa tenemos que regresar con tus amigos", y emprendieron el viaje de regreso y al llegar al sitio donde estaban los amigos, ellos dormían y entonces el querubín le dijo: "Ellos creerán que fue un sueño cuando le cuentes lo que vistes, pero yo te dejaré mi tiara y un poquito del pelo de mi caballo para que ellos sepan que fue verdad y le contarás todo a ellos tu visión" y así el querubín se marchó, pero antes Mariosa le preguntó: "¿Cómo se llaman tú y tu caballo?", él le contestó: "Me llamo Visión y mi caballo Esplendor", gracias le dijo Mariosa y se quedó dormida otra vez junto a sus amigos.

Ya cuando empezó a descender la luna y a subir el sol, Ángel Wings fue el primero en despertar y rápido llamó a Perroso y a Lobo y cuando fueron a despertar a Mariosa se asombraron al ver que Mariosa la cubría un esplendor de luz azul como el cielo y Perroso sin atreverse a tocarla solamente la llamó por su nombre: "Mariosa, Mariosa, despierta" y ella abrió sus ojos y la luz desapareció, entonces se levantó y con asombro ellos le dijeron: "¿Qué pasó?, una luz azul cubría todo su cuerpo cuando estabas dormida y entonces Mariosa los miró con amor y les dijo: "Tengo que contarles algo" y todos se sentaron alrededor de ella y empezó a relatarles todo lo que ella había visto esa noche, pero ellos después de escuchar todo, le dijeron: "Mariosa eso fue un sueño que tuviste y crees que fue real" y ella les contestó: "Él me dijo que ustedes me dirían esas palabras y por eso me dejó estas pruebas" y Mariosa sacó la tiara y el manojo de pelos azules y se los mostró y entonces se quedaron mirando asombrados y dijeron: "Fue verdad, qué maravilla, Mariosa. Tú subiste al cielo y te mostraron todo eso, qué privilegio, eres una bendición para nosotros y toda la humanidad, ahora con más fe estaremos contigo en toda tu misión por el mundo". Guardó Mariosa su tiara y su manojo de pelos azules. Luego comieron y continuaron su viaje. Después de haber volado por mucho tiempo, de pronto Lobo ve sobre un bosque y dice: "Podríamos caminar un poco por el bosque", y Perroso grita: "Sí, bajemos, quiero estirar el cuerpo un poco" y Ángel Wings bajó. Ya en el bosque encontraron frutas y miel y comieron, jugaron como niños. Al fin decidieron pasar ese día en el bosque jugando y alimentándose. Llegó la noche y decidieron dormir y ya en la mañana al despertar desayunaron frutas y miel. Cuando se preparaban para proseguir su camino montados sobre el lomo de Ángel Wings alcanzaron a ver una casita pequeña y poco a poco se fueron acercando a la casa y escucharon personas hablando. Por una de las ventanas pudieron ver adentro lo que estaba pasando, eran dos muchachas que estaban en esos momentos consumiendo drogas. Perroso dijo: "Esto es terrible, son muy jóvenes. ¿Por qué están en este lugar?, ¿ dónde están sus padres?" y Lobo dijo: "De seguro están trabajando y no saben donde están sus hijos y qué hacen en este momento". Entonces Ángel Wings le dice a Mariosa: "¿ Qué vamos a hacer?, tenemos que actuar". Mariosa dice a sus amigos: "Vamos a orar primero, tenemos que pedirle dirección a Dios para ayudar a estos jóvenes", y todos arrodillados miraron al cielo y oraron por un rato, hablaron con Dios largo tiempo. Luego que terminaron, Mariosa dijo: "No podemos hablarles ahora están bajo los efectos de esa droga maligna que está corrompiendo a nuestros jóvenes y matándolos y ellos no saben el daño que hacen a sus cuerpos y a su salud, pero vamos a hablar con ellos" afirmó Perroso y así pacientemente esperaron varias horas dando tiempo a que a los jóvenes les pasara un poco el efecto de las drogas y no darles tiempo a que volvieran a usarlas otra vez. Buscaron por donde entrar a la casa y se percataron que no estaba cerrada. Ya adentro caminaron y encontraron a los jóvenes preparando más droga. Entonces Lobo se acercó y gruñó enseñando sus filosos dientes haciendo que el muchacho se asustara y soltara la droga que sostenía en las manos, acto seguido apareció Mariosa, Perroso y Ángel Wings y los cuatro jóvenes pidieron auxilio. Ángel Wings con sus dos alas cubrió la maligna droga y les dijo: "No se asusten, venimos a ayudarles". Lobo dejó de enseñar sus dientes, Perroso y Mariosa se pararon sobre unas sillas y el primero que tomó la palabra fue Perroso diciéndoles: "No somos unos animalitos comunes y corrientes por eso podemos hablar, les pido que se calmen y tomen asiento estamos aquí enviados por nuestro Padre celestial el Dios Todo poderoso", y Mariosa les preguntó: "¿Conocen ustedes al Dios Todopoderoso?, seguro que les han hablado de él, pero estoy viendo que ya lo olvidaron o seguramente no le dijeron lo suficiente como para que entendieran el amor que él tiene por ustedes, lo están hiriendo en lo más profundo de su corazón con lo que están haciendo". Los jóvenes soltaron todo lo que tenían en sus manos y se acomodaron en las sillas a escuchar con atención. Mariosa prosiguió diciendo: "Ustedes no saben el daño que les hacen a sus cuerpos, no comprenden que su cuerpo es el templo de Dios que cuando usan esa porquería están dañando y mutilando la obra de Dios. ¿No saben que pueden morir?, ¿por qué no van a la escuela?, ¿por qué no van a la iglesia a estudiar la verdad? No creo que hagan nada de eso, ¿acaso saben sus padres donde están ustedes ahora mismo?, contéstenme todas esas preguntas. Yo, Mariosa enviada del Padre más grande, bueno y poderoso Jehová de los Ejércitos, les sacaré de esto y ustedes serán ejemplo para todos los jóvenes del mundo entero que leerán o verán esta historia verdadera e inspirada por Dios. Quiero que ahora cierren sus ojos y oremos. Padre perdónanos por lo que hemos hecho, echa fuera de nuestra mente el deseo de esta droga, no queremos usarla más, no queremos hacerle más daño a nuestro cuerpo que es tu templo, no queremos hacerte sufrir más, deseamos seguir tus caminos, agarrados de tu manto siempre, glorificarte, darte gracias por nuestra vida, reconocer que tu hijo Jesucristo vino a la tierra y murió por el perdón de nuestros pecados y resucitó al tercer día y está en los cielos con toda su santa gloria sentado a la derecha del Padre. No queremos hacer llorar a nuestros padres y a nuestros familiares, queremos vivir la vida preciosa que tú nos diste, placentera y sin vicios, para estar listos cuando Jesús regrese a buscar a su pueblo, gracias por los que nos has enviado, a hablarnos tu palabra para abrirnos los ojos, todo te lo pedimos en el nombre de tu hijo amado Jesucristo, amén". En esos momentos aquellos muchachos fueron tocados por el Espíritu Santo y sintieron que tenían escalofríos, que sus cuerpos temblaban, también su sangre se calentaba como fuego, sus manos y sus bocas alababan a Dios, danzaban, cantaban alabanzas y así estuvieron por un tiempo. Después de un rato orando Ángel Wings dijo: "Ahora desechemos estas porquerías", seguido de Perroso y Lobo que dijeron lo mismo, pero los jóvenes dijeron: "No.....no, queremos hacerlo nosotros mismos" y fueron al sanitario y lo echaron por el inodoro, jalando con fuerza aquella cadena. Después de no dejar nada de aquella droga, Mariosa les dijo: "Ahora los llevaremos a sus casas y a este lugar no vuelvan más a menos que no sea para dar su testimonio a otros jóvenes".

Así partieron de allí, caminando seguidos por Ángel Wings por el aire, ya saliendo del bosque se encontraron con un pequeño pueblo donde había mucha gente aglomerada, entonces los jóvenes alcanzaron a ver a sus padres, también habían policías. Los muchachos corrieron a donde estaba la multitud mientras nosotros nos mantuvimos alejados observando cómo los padres abrazaron a sus hijos y los hijos abrazaron a sus padres, y los jóvenes se arrodillaban a pedirle perdón, y los padres le decían: "Creíamos que habían muerto, no saben lo mucho que hemos llorado, llevamos varios días sin dormir". Mientras los muchachos lloraban y les contaban a sus padres que estaban haciendo algo malo ante los ojos de Dios, haciéndolos sufrir a él y también a ustedes, pero Dios nos envió a unos niños para salvarnos y no volveremos nunca más a usar drogas, estudiaremos, iremos a la iglesia y cumpliremos con todos sus mandamientos. Y sin decir nada más caminaron hacia donde estábamos nosotros, llamándonos por nuestros nombres uno a uno, nosotros nos adelantamos hacia ellos, sabíamos la reacción del pueblo al vernos pero ellos explicaron todo con mucho entusiasmo antes de que la gente tuviera tiempo de reaccionar extrañados y por supuesto asustados. El primero que se adelantó a hablar fue Perroso quien subiéndose sobre una piedra alta que allí estaba y frente a todos los que allí se encontraban les dirigió estas palabras: "Nosotros no salvamos a sus hijos, fue él por medio de nuestra encomienda en esta tierra, somos unos animales tocados por el Dios Todopoderoso para llevar su palabra al mundo entero, a toda la humanidad", y seguido por Lobo que añade a las palabras de Perroso: "Por eso les pedimos padres que estén más atentos a lo que hacen sus hijos, dedíquenle tiempo a ellos, sé que tienen que trabajar pero por favor separen un espacio en sus labores del día para leerles la Biblia, llevarlos a la iglesia, jugar con ellos y no le den tanta importancia a lo material porque el día en que mueran no se llevarán nada, para el tiempo en que Jesús vuelva a la tierra todo será destruido, serán nuevos cielos y nuevas tierras", y Ángel Wings continúa: "Y el dolor ya no existirá más, ni la muerte porque todo eso nos prometió él y él siempre cumple su palabra, él es un Dios fiel". Entonces

Mariosa prosigue, "Predicando a ustedes muchachos que hoy fueron tocados por el Espíritu Santo, denle ejemplo de esto a sus amigos, sus compañeros de clases, hermanos, primos y prediquen la verdad, no les dejen caer en el vicio de las drogas, no roben, no maten, ayúdenle a buscar la salvación como ustedes la van a encontrar si aceptan que Jesús es su único salvador". Mariosa con sus manos alzadas hacia el cielo les pide a todos los allí presentes que se arrodillen y le den gracias a él por todo lo acontecido aquí hoy, porque el Señor dijo que donde hubieran dos o tres reunidos en su nombre ahí estaría él. Y todas aquellas almas se arrodillaron junto con nosotros y oraron por largo rato dándole gracias a Dios y pidiendo perdón por sus pecados, luego que terminaron Mariosa les dijo: "Ya nos marchamos". Los jóvenes corrieron hacia ellos abrazándolos y uno de ellos alzó su voz y les dijo, "Nosotros le prometemos al Todopoderoso que seguiremos sus mandamientos y que esperamos la llegada de Jesucristo alabándolo y adorándole, amén". Y antes de Ángel Wings alzar el vuelo, muchas personas les dieron de comer y Mariosa volvió a llenar su mochila, pero decidieron pasar la noche allí debajo de un árbol aunque los jóvenes y sus padres le ofrecieron sus casas, pero grande fue su sorpresa cuando vieron a toda la gente con mantas, almohadas, colchones para pasar la noche con ellos alrededor del árbol y unos cuantos de ellos trajeron cubiertas para ellos también. Llegada la mañana fue grande el asombro de toda la gente al ver que todos ellos estaban cubiertos por un gran resplandor color azul que bajaba desde el cielo y entonces comprendieron que todo había sido obra de Dios, el Rey de Reyes por eso todos prometieron de ahora en adelante hacer la voluntad de Dios. Entonces Mariosa, Perroso y Lobo montaron sobre Ángel Wings mientras los jóvenes y todo el pueblo le decían adiós. Desde ese día los cuatro jóvenes empezaron en la escuela mientras se rehabilitaban, ellos visitaban y se envolvían en los trabajos de la iglesia, también sus padres sacaban su tiempo para compartir con ellos y acompañarles a la iglesia.

Mientras nuestros cuatro misioneros viajaban por el aire se les acerca un gran cuervo negro y les dice: "¿Hacia dónde se dirigen? Ja, ja, ja, son unos tontos ustedes nunca podrán cambiar el mundo, porque su Rey de Reyes como ustedes llaman a su Dios, nunca podrá evitar que mi amo corrompa a la gente de la tierra y los haga mentir, matar, drogarse, robar, provocar guerras y toda clase de pecados, además tiene poder sobre todos los hombres, niños y mujeres de la tierra. A ellos les gusta hacer las cosas malas y no le hacen caso a su Dios, por eso mi amo Satanás se apoderará de todos ellos y no lograrán su salvación", pero Ángel Wings volaba rápido para no escucharlo mientras el cuervo los seguía de cerca riendo, pero Mariosa le dijo enfrentándose a él: "Sabes que no te tenemos miedo ni a ti, ni a tu amo porque nosotros estamos al abrigo del Altísimo y pronto tu amo no existirá más porque será arrojado al abismo con todos sus demonios y no podrá corromper más a los habitantes de la tierra, porque Jesús reinará para siempre y su reino no tendrá fin y los siervos que habitan la tierra que hacen su voluntad, nunca dejarán de adorarlo y alabarlo porque son fieles y conocen la maldad de tu amo y no podrán ser tocados, porque él protege a sus hijos y no hay nadie más poderoso que él. Todo el que ama a Jehová con fe verdadera, nunca adorará a tu amo porque el amor a Jehová es grande y verdadero", y aquel cuervo se levantó en sus alas y creció y abalanzándose hacia ellos les dijo: "Me llamo Goliat", y prosiguió diciéndoles: "yo soy gigante y ustedes pequeños, más los derrumbaré ahora con fuerza hacia la tierra para que mueran al caer y así no podrán predicar más a los que moran en la tierra". Entonces, cuando así convertido en un cuervo gigante se acercó amenazante hacia ellos, pero qué maravilla, vieron bajar del cielo una burbuja la cual Goliat no pudo ver pero los niños si la vieron y rápidamente los envolvió y cuando el cuervo Goliat se abalanzó, rebotó con aquella burbuja y su pico se partió, trató otra vez pero entonces se le rompió un ala y su cuerpo de pájaro destilaba un líquido verde que olía fuerte pero no era sangre, y entonces salió volando con solo una de sus alas diciendo estas palabras: "Me voy ahora para que mí amo me sane, pero volveré con más fuerza y los buscaré y los mataré". Ángel Wings siguió volando mientras todavía los envolvía la burbuja y Perroso dijo: "Gracias Jehová porque yo nunca tuve ni tendré miedo de nada porque sé que tú estás a nuestro lado". Y todos elevaron una oración dándole gracias al Padre, al Hijo y al Espíritu Santo. Después la burbuja se levantó y ellos siguieron su camino por largas horas.

Pronto llegaron a una gran ciudad donde había muchos edificios altos. Vieron autos y multitudes de gente caminando por las calles y Ángel Wings decidió bajar en uno de los edificios más altos para reposar y además mirar esa gran ciudad. Lobo que era el más pequeño dijo: "Aquí debe de haber mucha gente para salvar" y Perroso siguió diciendo: "Y sobre todo muchos jóvenes y niños a los cuales podemos predicar", Ángel Wings dijo: "Esta ciudad nos necesita", Mariosa que observaba para todos lados, añadió: "Hermanos míos, aquí estaremos mucho tiempo porque tenemos que rescatar muchas almas del mal".

Mientras los niños planeaban como empezar en esa ciudad tan grande, allá donde Mariosa y Perroso nacieron y se criaron, los padres de Perroso buscaban por todos lados a su hijo, pero una tarde que buscaban por el bosque se encontraron con una pareja y le preguntaron si habían visto a su hijo y la pareja de osos se miraron, le invitaron a sentarse haciéndole esta pregunta: "¿Su hijo se llama Perroso?", a lo que ellos contestaron que sí, y el oso mayor les dijo: "Nosotros estábamos buscándolos a ustedes para decirles que no se preocuparan porque su hijo está muy bien, él fue encomendado a una misión por parte de nuestro Padre Celestial al igual que nuestra hija Mariosa, ahora ellos son misioneros por el mundo llevando la palabra de Dios para salvar muchos jóvenes del mal. Nuestra hija Mariosa fue llamada para esto y ella nos comunicó su decisión y nosotros permitimos muy felices que ella fuera escogida por nuestro creador para esa misión, por eso queremos que también ustedes estén felices porque su hijo también fue escogido junto con otros animalitos. También porque nuestro Padre sabe cómo actuar por caminos misteriosos y sé que ningún niño debe irse de su casa sin el permiso de sus padres. Perroso le pidió a Mariosa que se comunicara por carta y les avisara a los padres de él y que lo perdonaran por irse sin decirles nada". El papá de Mariosa que estaba bastante informado de lo que había pasado en el pueblo donde habían estado los niños primero, el cual quedaba a unas cuantas millas de allí, invitó a los padres de Perroso a que visitaran el sitio, caminaron la larga jornada hacia el pueblo.

Finalmente llegaron después de unos días y allí se encontraron con unos niños que salían con sus padres de una iglesia, el papá de Mariosa se adelantó y les gritó: "Por favor no tengan miedo, somos los padres de Mariosa y de Perroso también, solamente queremos saber cómo estaban nuestros hijos, sabemos que estuvieron aquí". Entonces los niños le relataron que los habían conocido y todo lo que había pasado, le narraron que gracias a ellos sus vidas habían cambiado y también las de sus padres pues ahora conocían al hijo de Dios, Jesús de Nazaret mejor y le habían entregado su corazón, lo habían reconocido como su único salvador; mas que no se preocuparan por sus hijos que ellos tenían una misión que cumplir y que nada les pasaría, pues en algún momento tendrían noticias de ellos porque ahora lo más importante para ellos era cumplir con lo que Dios les había encomendado y como dice la Biblia, dejarás a tu padre y a tu madre por él, después de oír todo eso los padres de los niños se marcharon satisfechos, contentos y orgullosos.

Mientras allá en la gran ciudad los niños se habían decidido a viajar por todo el área y pronto llegaron a un barrio muy bonito donde habían casas muy grandes y elegantes, caminaron mientras Ángel Wings los seguía volando, de pronto oyeron unos niños llorando en una de las casas y alguien que peleaba y forcejeaba con otra persona. Perroso se acercó a una de las ventanas y vio como un hombre le pegaba a una mujer con los puños y la arrastraba por el piso, Perroso corrió y le explicó a Mariosa lo que estaba viendo, todos corrieron hacia la casa incluyendo Ángel Wings. Los dos niños que estaban dentro de la casa lloraban sin consuelo al ver como su padre golpeaba a su mamá, Mariosa dijo: "Tenemos que hacer algo, pero primero oremos un momento", y luego de orar aquellos niños volvieron a convertirse por gracia de Dios en unos animales gigantes actuando rápidamente. Derribaron aquella puerta entrando y llegaron hasta donde el hombre que le pegaba a la esposa sin piedad, y como el hombre estaba de espaldas no había visto quién estaba detrás de él y con aquella voz de trueno Perroso le dijo: "Suéltala", el hombre dio un brinco y cuando miró no podía creer lo que veían sus ojos, empezó a gritar mientras Lobo le gruñía con sus dientes filosos pero el hombre trató de salir por la puerta pero no pudo porque Ángel Wings se lo impidió y la esposa, que sangraba por la boca y la nariz, también estaba aterrorizada al ver esos animales grandes feroces y que hablaban. Seguidamente Ángel Wings pisó al hombre con sus grandes garras y le dijo: "No te muevas abusador, a las mujeres no se les pega", en eso Mariosa que ya había hablado con los niños y les había contado que ellos eran amigos y ella misma levantó a la señora del piso diciéndole: "No se asuste nosotros somos enviados de nuestro Padre Celestial y vinimos en el nombre de su hijo Jesucristo". Perroso y Lobo preguntaron a los niños donde conseguir una toalla y hielo para ponerle a la señora que estaba golpeada y ella lloraba y le daba las gracias a aquellos gigantes llenos de amor. Los niños miraban a su padre que estaba en el piso bajo las garras de Ángel Wings, Mariosa al ver eso le dijo a Ángel Wings: "Levántalo y siéntalo que queremos hablar con él", ya sentado aquel hombre todavía asustado miraba a nuestros amigos con asombro como haciéndose muchas preguntas pero Mariosa muy disimuladamente le dijo a Ángel Wings que se llevara los niños a dar un paseo sobre su lomo, a lo que Ángel Wings accedió rápidamente, luego de quedarse solos Mariosa, Perroso y Lobo, entonces Perroso le hizo esta pregunta al hombre: "Dime, ¿por qué tú le pegas a tu esposa, a la madre de tus hijos?", él bajó la cabeza y empezó a llorar, Perroso añadió: "Sabes, ahora mismo nosotros podríamos llamar la policía para que te lleven preso por violencia doméstica". "Sí", dijo Lobo "yo voy a llamarla", pero él dijo: "No, por favor, ¿quiénes son ustedes y por qué hablan si los animales no hablan? "Pero nosotros si hablamos" le contestó Perroso "y no somos unos animales cualquiera, somos niños enviados por el Señor del cielo". "Pero ustedes no son niños, son enormes", entonces Mariosa interrumpió y le contestó, "Sabes yo te voy a contestar esa pregunta, si somos unos niños pero el Dios de los Ejércitos nos convierte en gigantes cuando necesitamos usar la fuerza con situaciones como estas donde hay que luchar con animales como tú, porque sí, tú eres un animal pecador y feroz con los que no pueden defenderse, pero nosotros queremos ayudarte porque el enemigo te está usando y es que necesitas conocer verdaderamente a tu salvador, pero ahora te lo vamos a presentar, Jesús es el hijo de Dios el que dio la vida por nosotros en una cruz donde fue crucificado golpeado y escupido y sabes ¿por qué?, porque Dios nos ama tanto que envió a su hijo como cordero para morir por nuestros pecados y por eso tú que eres un pecador puedes ser perdonado si te arrepientes de todos tus pecados y puedes alcanzar la salvación que fue la promesa que Dios nos hizo, si hacemos su voluntad y vivimos una vida sana adorándole a él solamente en el nombre de su hijo Jesucristo y el Espíritu Santo, el hombre preguntó: "¿Cómo es lo de la salvación?" Perroso le contestó así: "En la tierra estamos un tiempo morimos por el pecado de Adán y Eva pero Dios tenía un propósito para la humanidad que fue su más bella creación, él quería un paraíso en la tierra para que viviéramos para siempre mas ni la muerte y el dolor existieran jamás. Él cumplirá su promesa, por eso nos está dando tiempo, la oportunidad para que oremos, nos reunamos, hagamos su voluntad, perdonarnos, amarnos los unos a los otros y sobre todo amar a Dios sobre todas las cosas, también tenemos que reconocer que Jesús es nuestro único salvador. Por eso debemos reunirnos y visitar las iglesias porque él dice que donde hayan dos o tres reunidos en su nombre ahí estará él, darle gracias alabarlo y glorificarlo", Lobo siguió diciendo: "Por eso queremos que tú te arrepientas, le pidas perdón a

Dios, a tu esposa, a tus hijos y prometer que vas a cambiar y nunca más le pegarás a tu esposa, también es bueno que leas la Biblia ahí vas aprender la verdad". Mariosa dijo: "Ahora haremos una oración". Todos se tomaron de la mano y dirigidos por ella alzaron sus manos alabándole en oración. Cuando terminaron aquel hombre dijo: "Siento un fuego en mi cuerpo y escalofríos", cayó desmayado al piso, al cabo de un tiempo recobró el conocimiento y poniéndose las manos en su rostro empezó a llorar, alzó sus manos y pidió perdón a Dios gritando: "Señor, perdóname no sé qué estaba haciendo pero te prometo aquí arrodillado delante de tus enviados y de mi esposa, que no volveré a pegarle a mi esposa" y llegó donde ella que lo miraba llorando y le dijo: "Perdóname esposa mía, he sido un abusador contigo y mis hijos pero te prometo ante Dios que te haré la mujer más feliz del mundo", pidió que sus hijos regresaran para pedirle perdón a ellos también. Lobo salió llamando a Ángel Wings que daba vueltas con ellos. El papá abrazó a sus hijos pidiéndoles perdón mientras ellos lloraban con él, además les dio las gracias a nuestros misioneros por haberle enseñado la palabra de Dios. Ya en la tarde la familia le pidió a Mariosa que le gustaría acomodarlos esa noche para que comieran, oraran con ellos y se fueran por la mañana, Mariosa le contestó: "Tenemos mucho que hacer en esta ciudad pues es tan grande y para caminarla necesitamos mucho tiempo". El hombre le suplicó a ellos tanto que accedieron a dormir esa noche, pero pidieron una condición: darle clases de la Biblia a los niños, a lo que accedieron gustosamente, volvieron a su tamaño normal y pasaron parte de la noche hablándoles a los niños de la familia la palabra de Jesús hasta que todos se rindieron del cansancio quedándose dormidos. En la mañana todos se levantaron, oraron, desayunaron, volvieron a leer la Biblia, luego se despidieron y partieron. La familia quedó tan feliz y agradecidos de Dios por enviarles tan lindos misioneros. Ya fuera, salieron por aquella gran ciudad sobre el lomo de Ángel Wings mirando todo desde arriba, desde el aire vieron a un niño sentado a la orilla de un lago acompañado de un perro, lanzaba piedritas al agua muy pensativo, decidieron bajar y esconderse detrás de unos arbustos. Oyeron que gemía como si estuviera llorando pero ellos sabían que si se acercaban el perro comenzaría a gruñirles y decidieron esperar para ver cómo se podían acercar al niño. Aguardaron como media hora hasta que él decidió levantarse y caminar a su casa que estaba detrás del lago, fuimos hacia él sin hacer ruido pero el perro con su olfato nos descubrió, corrió hasta nosotros y comenzó a ladrar, el niño preguntó: "¿Quién anda ahí?", entonces tuvimos que enfrentarnos a él y al perro, quedando el perro completamente congelado al vernos, especialmente a Lobo y empezó a gruñir pero echando hacia atrás porque estaba asustado, y el niño preguntó: "¿Quiénes son ustedes?, por favor no nos vayan atacar yo amo a los animales" y diciendo esto daba pasos hacia atrás tratando de huir, pero Perroso le habló diciéndole: "No, por favor no temas, no somos animales salvajes, somos mensajeros de Dios y hemos venido a ayudarte". Más el niño contestó: "No les creo, mamá me dijo que lo que Dios envía son ángeles y ustedes son animales y aves", entonces Mariosa le dijo: "Dios puede enviar al que él quiera porque él es el Todopoderoso", entonces el niño que tenía como trece años y entendía muchas cosas más detuvo su paso y le dijo al perro que seguía ladrando: "Ya Chico, cállate" o sea el perro se llamaba Chico y Lobo le preguntó al niño: "¿Cómo te llamas?" y él le contestó: "Me llamo Jimmy, y ustedes, ¿tienen nombres?" "Claro, yo me llamo Mariosa y él se llama Perroso, yo Lobo y yo Ángel Wings". "¿ Por qué me quieren ayudar?" preguntó Jimmy, Ángel Wings le dijo: "Porque te vimos muy triste y llorando frente al lago", Jimmy irrumpió en llanto. "Ves", le dijo Perroso "tú tienes un problema y nosotros te vamos ayudar, vamos, cuéntanos qué te pasa", el joven los invitó a sentarse en un banco detrás de su casa y comenzó a relatarles por lo que él sufría. Yo soy fanático del béisbol y me encanta jugarlo y lo juego muy bien, yo practico con mis amiguitos de aquí del barrio y sé muy bien como se juega. Un hombre de este lugar ha formado un equipo y están practicando mucho para representar a este sitio en unos juegos que hay de pequeñas ligas y yo quiero estar dentro en ese equipo porque me gustaría ser un gran jugador en el futuro, ganar dinero para ayudar a mi mamá y mis hermanitos, pues somos muy pobres y mi papá murió hace poco en un accidente, yo sé que mi mamá está sufriendo mucho y últimamente se está enfermando mucho, pero el problema es que el apoderado del equipo se rehúsa a darme la oportunidad de entrar con ellos porque dice que tengo que esperar a tener los quince años, pero me faltan seis meses y ya cuando eso pase los demás van a estar más adelantados, yo debiera de entrar ahora añadió Jimmy con lágrimas en los ojos. Mariosa arrancó una hoja de un árbol y secó las lágrimas del joven diciéndole: "No te preocupes, nosotros te vamos ayudar, prométeme que vas hacer todo lo que nosotros te aconsejemos", Jimmy dejó de llorar diciendo: "Lo haré, se los prometo" y acariciando a su perro Chico, le dijo: "Tú también te portas bien" y el perro contestó con un ladrido. "Bueno, dijo Mariosa, primero tú nos vas a presentar con tu mamá y tus hermanos más le dirás quiénes somos y de parte de quién vinimos, luego nosotros nos quedaremos en tu casa y pondremos el plan que vamos hacer en marcha". Jimmy partió para su casa junto con Chico mientras nosotros nos quedamos esperando para no asustar a su familia mientras él le explicaba de nosotros, pasaron algunas horas cuando vimos salir a Jimmy con Chico y toda su familia. Se acercaban a nosotros su mamá y dos niños, se quedaron impresionados al vernos pero ellos ya sabían y nos dieron una sonrisa para hacernos sentir confiados. Nos fuimos hacia la casa donde ya tenían algo preparado para que comiéramos con ellos, pero antes de comer Mariosa propuso orar para darle gracias a Dios por los alimentos y permitirles llegar hasta aquí, Perroso comenzó la oración seguidos por los demás pidiendo que todos aceptaran a Jesús como su único salvador, luego de terminar la oración, Lobo leyó la Biblia a las niñas por un buen rato. Ya pasada la media noche todos se acostaron a dormir. En la mañana se fueron levantando todos uno a uno, luego escucharon los aleteos de Ángel Wings que dormía afuera en un árbol, reuniéndose todos en una terraza ubicada en la parte atrás de la casa. Perroso leyó el Salmo veinticuatro de la Biblia terminando con una oración antes de desayunar pidiéndole al Padre Poderoso que los iluminara en la misión que les esperaba todo en el nombre de su hijo Jesucristo. Tenían que convencer al dirigente del grupo de béisbol para que aceptara a Jimmy con los demás jugadores. Y llegó el momento de planear, la mamá del niño preguntó: "¿Qué vamos a hacer?", Mariosa contestó: "Este es el plan: vamos a buscar el lugar donde ellos practican. Primero llegaremos al lugar y practicaremos antes que llegue el dirigente y su equipo. Segundo, formaremos el equipo que incluirá a tu mamá y tus hermanas. Allí nosotros le enseñaremos a jugar a Jimmy con el poder de Dios Todopoderoso que nos guiará para que tú aprendas a jugar mejor que todos ellos. Practicaremos varios días pare que estés listo y puedes pedirle a dirigente la oportunidad de practicar con ellos". Antes de practicar todos los días orábamos para tener la bendición de nuestro Dios. Al terminar sus exitosas prácticas leíamos textos de Eclesiastés en la Biblia para darle gracias a Dios porque Jimmy estaba aprendiendo. Pasaron dos semanas más de lo planeado, pero Mariosa y los demás querían estar seguros que Jimmy estuviera preparado para entrar al equipo de béisbol. Con valor y fe Jimmy se decidió a enfrentarse al dirigente para demostrarle que él era un buen jugador para su equipo y lograría llevarlos al triunfo deseado. En caso que la conversación entre ellos no fuera exitosa, su mamá y amigos ayudarían para lograr que él le dé la oportunidad de lograr su sueño.

Mariosa y sus amigos se escondieron para oír el resultado de la conversación.

Desafortunadamente el resultado no fue bueno para Jimmy. Con desesperación su madre se enfrento a él para tratar de ayudar a su hijo. Él fue negativo y firme, con sus manos rechazaba la súplica de su madre. Al Jimmy ver que él no quería ni escuchaba los ruegos de su mamá se enfrentó nuevamente sin temor. Le dijo estas palabras: "¿Usted tiene hijos?" Si tengo hijos pues usted les daría la oportunidad a ellos de lograr sus sueños en nombre de nuestro Señor Jesucristo. Le contestó: "Yo les daría la oportunidad a mis hijos". El dirigente se conmovió por las palabras del joven y le dijo: "Como yo soy cristiano y tengo fe en nuestro Salvador Jesucristo te voy a dar la oportunidad de practicar con mi equipo". Sus amigos que estaban escondidos, Jimmy y su mamá saltaron de alegría de que lograron con la ayuda de

Dios que él fuera parte del equipo. El entrenador les dijo: "Mañana los espero en mi oficina para completar todos los documentos y por supuesto registrar sus firmas en ellos y ya en la tarde haremos la primera prueba con el equipo". El dirigente los llevó hasta la puerta despidiéndose, hasta mañana, mas todos se marcharon contentos a su casa y esa noche celebraron todos, incluyendo nuestros protagonistas orando y dándole gracias a Dios por haberlos bendecido. Al llegar el día siguiente después de orar y desayunar la madre de Jimmy se fue a firmar los documentos, nuestros misioneros se quedaron en la casa en comunicación con Dios pues en la tarde tenían que ayudar a Jimmy antes de que él fuera a la práctica porque querían que el niño estuviera bien preparado. Ya nuestros misioneros pronto tenían que seguir su viaje, pero antes querían dejar a Jimmy feliz como se lo habían prometido. Ya era de tarde y llegó la hora de que Jimmy fuera a la práctica con el equipo cuando se presentó al parque fue recibido por el dirigente y este le dijo: "Hoy es tu prueba, ven pues voy a presentarte a los que van a jugar contigo" y procedió a presentarle a los demás jugadores y resultó que algunos de ellos ya los conocía del barrio. Pero antes de empezar Jimmy se arrodilló delante de todos allí presente y le oró a Jesús, aunque algunos de los jugadores se rieron de él pero Jimmy se acordó de las palabras que Mariosa le había dicho: "Nunca niegues ni te abochornes de él, porque si lo haces también él a ti te negará, siempre debes demostrar tu amor a Dios de la manera que sea aunque te llamen loco". Y comenzó la práctica, y aquel niño demostró su valor y su destreza para jugar dando buenos batazos, jugando bien, y siguiendo su entrenamiento todos los días, cada jugada era mejor y mejor. Sus compañeros estaban asombrados y mas asombrado estaba el dirigente además de estar contento, pues pronto les tocaría el primer reto con otro equipo, el que ganara el primer juego sería el que clasificaría para las pequeñas ligas, para después viajar a otros países a buscar el campeonato mundial. Mariosa decidió que se quedarían solamente hasta el día que les tocara competir con el otro equipo. Pasó el tiempo y llegó el tan esperado día del primer enfrentamiento con el equipo contrario, este sería uno de tantos juegos con diferentes equipos para ver quien se llevaría el premio consistente en cien mil dólares, un trofeo y el auspicio de una compañía que le donaría los uniformes con el nombre de la liga. Ya en el momento de empezar el juego, Mariosa le dijo a Jimmy: "Nosotros estaremos en un sitio estratégico donde solo tú nos podrás ver". El juego comenzó y fácilmente lo ganaron con dos jonrones que bateó Jimmy. Terminado todos los muchachos se arrodillaron a darle gracias a Dios porque ya era costumbre hacerlo gracias a la predicación de nuestro campeón. De camino a su casa Jimmy le pidió a Mariosa que por favor no se fueran y se quedaran hasta verlos ganar el campeonato mundial. Ella acordó acompañarlo, y luego de haber ganado todos los juegos y proclamarse campeones ganando todos los premios, llegó el momento de la gran prueba final: viajar a una ciudad donde les tocaría jugar con un equipo demasiado fuerte, ya que eran los mejores del mundo. Partieron ya con sus uniformes nuevos donde estaba escrito el nombre del equipo "Los Búhos", también tenían sus números, Jimmy era número siete. Nuestro amigo viajaría acompañado de su madre y también llevaría a sus amigos misioneros. Después de salir del aeropuerto en la gran ciudad todos decidieron irse a una iglesia cerca del hotel donde se estaban quedando y allí alabaron a Jehová y pidieron para que todo les saliera bien. La familia de nuestro campeón le prometió al Padre Poderoso seguir la palabra y nunca más separarse de sus caminos. Por fin llegó el día del gran juego, nuestros amigos como siempre se acomodaron en un lugar estratégico para ver cómo se desarrollaba todo, pero de pronto Ángel Wings, que estaba en lo alto del estadio, bajó y con mucho cuidado se acercó a Mariosa y le dijo: "Necesito que todos monten sobre mí, tienen que ver algo no muy bueno". Rápidamente todos montaron sobre él y subieron al espacio y qué sorpresa se llevaron, en lo alto de un poste del alumbrado estaba aquel cuervo llamado Goliat, quien les dijo: "Yo les advertí que volvería y aquí estoy, más yo me ocuparé de que ese niño no gane ese campeonato para que ustedes queden mal delante de él y toda su familia". Entonces, Mariosa miró hacia arriba para así comunicarse con el Todopoderoso, mas todos oraron juntos: "Jesús, nosotros somos tus ciervos fieles y sabemos que tú estás con nosotros como poderoso gigante y no le tememos a nadie". Luego de ellos orar se dieron cuenta que el juego estaba comenzando, después de cantar los himnos nacionales, le toca al equipo de casa comenzar el bateo y empieza el lanzador a tirar la bola y Goliat el cuervo se acercó al lado del bateador sin que nadie lo viera porque se hizo invisible, y el batazo fue tan fuerte que todas las bases quedaron llenas y se anotó la primera carrera del equipo contrario. Vino otro y luego otro, anotando tres carreras corridas mas todos se pusieron a temblar incluyendo al dirigente. Ahora le tocaba el turno al equipo de Jimmy, era la primera entrada de aquel juego y todos estaban preocupados.

Mariosa, Perroso y los demás no estaban por todo el lugar y nuestro Jimmy se sintió solo y perdió la fe y cuando empezaron no sabían pero algo movía sus brazos bateando todas las bolas mal, ponchándose en todas las tiradas. Ya le tocaba al otro equipo y Jimmy miraba para todos lados buscando a sus amigos y no los veía y de pronto aparece Mariosa, pero rápidamente desaparece otra vez. Entonces de momento aparece una nube en el cielo con gran cantidad de agua, truenos y relámpagos y todos los jugadores tuvieron que correr a protegerse del agua y suspendieron el juego hasta que pasara la lluvia, pero Goliat sabía que algo pasaba, mas decide subir arriba a las nubes, lo que él no sabía era lo que le esperaba; todos nuestros amigos lo esperaban detrás de aquella nube que Jehová había enviado. Entonces Ángel Wings, el águila, que también era un pájaro igual que él, salió a su encuentro y Goliat no podía creer lo que sus ojos estaban viendo, nuestro águila había crecido a tal magnitud que sus alas se extendían a más de ciento cincuenta pies de ancho, su pico parecía una lanza que no tenia fin y sus garras parecían garrotes de hierro y lanzándose sobre el cuervo, más abajo seguía lloviendo sin cesar, y la guerra fue grande

Movidos Por La Fe

y fuerte, mientras Mariosa, Perroso y Lobo observaban. Ángel Wings con sus garras, su pico y todo su cuerpo enorme atacaba a Goliat y fue desplumado, herido y torcido, y ya casi sin vida desapareció diciendo: "No estoy vencido, algún día volveré, me vencieron ahora, pero vendré con más fuerza", entonces Ángel Wings le contestó: "Siempre la gloria de Dios me dirigirá en mis caminos". Luego nuestros amigos se pararon sobre aquella nube negra que mandaba lluvia y la hicieron desaparecer, mientras oraban dándole gracias a Dios por estar con ellos siempre que lo han necesitado. Qué alegría, el sol salió rápidamente más brillante que nunca y con el calor tan fuerte secó rápidamente el parque. Mariosa y los demás bajaron dirigiéndose a Jimmy para decirle: "Nunca pierdas la fe, cuando confías en el Todopoderoso porque el siempre estará contigo mientras tú estés con él. Ahora oremos y verás que todo saldrá bien". Pasaron algunos minutos para reanudar el juego, ya en sus posiciones le tocaba a Jimmy batear, entonces bateó y botó la bola fuera del parque y uno tras otro fue repitiendo lo mismo y anotaron tantas carreras que llegó la otra mitad y continuaron haciendo un buen juego, a tal nivel que pasaron al equipo contrario, quienes no podían anotar nada y así terminó el juego con tremendo resultado: dieciocho carreras a tres, una gran derrota para el partido contrario y un arrollador triunfo para "Los Búhos". Ellos querían celebrar, pero antes de eso Jimmy reunió a todos los jugadores incluyendo a su entrenador y pidió a todos arrodillarse en el parque dándole gracias a Dios nuestro creador en nombre de su hijo

Jesucristo. Proclamaron campeones de las pequeñas ligas a nuestro grupo y ahora le esperaba unas largas temporadas de juegos y viajes. Todos fueron a descansar pues al otro día le esperaba el viaje de regreso a su país. Entonces el entrenador le dijo a Jimmy: "Perdóname porque la primera vez yo no creí en ti pero gracias a Dios cambié mi opinión" y Jimmy le contestó: "Todo este triunfo se lo debemos a él, al Todopoderoso y a unos misioneros enviados por él que si tú los vieras no lo podrías creer, porque Dios siempre obra por caminos misteriosos" y el entrenador le dijo: "Me gustaría que me los presentaras, quisiera conocerlos" y Jimmy le contestó: "Si ellos desean conocerte, ellos mismos me lo pedirán" y así se despidieron y cada uno se marchó a su casa pues estaban extenuados del cansancio por el recibimiento y toda la faena de entrevistas y la presentación en televisión donde el Gobernador les entregó la llave de la ciudad.

Cuando Jimmy llegó a su casa ya su madre, su hermana y nuestros misioneros lo esperaban para sentarse a la mesa para orar y luego ingerir los alimentos que la mamá de Jimmy había preparado para todos en la mesa.

Entonces Jimmy recibió una noticia que él no quería oír. Mariosa, Perroso, Lobo y Ángel Wings se marcharían en la mañana. Mariosa le dijo: "Sabes que ese fue nuestro trato y no quiero que te pongas triste porque Dios estará a tu lado donde quiera que vayas como poderoso gigante, porque ahora tú seguirás sus caminos y nunca te apartarás de él, al igual que toda tu familia. Es la promesa que le vas hacer a él, porque solo a él tú le debes lealtad y aunque pases pruebas y problemas nunca pierdas la fe en él, porque es un Dios de amor y en medio de la prueba él te levantará, te cuidará y te suplirá pero nunca le falles".

Ya en la mañana vino lo más difícil, la despedida y todos se abrazaron, oraron al Señor y lloraron todos juntos y remontando el vuelo Ángel Wings despegó del patio de la casa con su preciosa carga y nunca Jimmy supo porque en el primer juego ellos perdieron todas las entradas. Jimmy lloró por mucho rato pero se acordó de las palabras de Mariosa y le pidió al Señor que le quitara el dolor de no volver a ver a sus amigos pero entendió que Dios siempre llega a tiempo. Pero lo grande era que Jimmy no sabía que nuestro misioneros antes de irse todavía tenían algo que hacer por él y bajaron y se encaminaron hacia unas oficinas y tocaron la puerta de una en específico y allí había una persona que estaba sentada y se paró de su silla y no salía de su asombro al ver dos osos, un lobo y un águila entrar a su oficina, era el dirigente del equipo de Jimmy. Entonces Mariosa le dijo: "No te asustes, tú querías conocernos le dijiste a Jimmy, pues aquí estamos vinimos a presentarnos somos los misioneros de los cuales te habló Jimmy, somos enviados de Dios para ayudar Jimmy y a mucha gente en el mundo para que conozcan al Señor y se entreguen a Jesucristo como su único salvador por eso vinimos a rescatarte para el Señor, para que vueles como las águilas bien alto y te remontes a los montes de Jehová porque él te espera y tú y tu familia serán salvos, porque serás rico en amor y amarás a Dios sobre todas las cosas de mundo y a tu prójimo como a ti mismo. Sabemos que una vez te entregaste a él y lo abandonaste pero ahora tú volverás y serás como el hijo prodigo que volvió y nunca se separó de su padre. Nosotros vinimos en este momento por ti, a rescatarte para él otra vez". Perroso le dijo: "Volverás a la iglesia y estarás caminando detrás de él siguiendo sus huellas y esperarás en él y tu fe será grande y le predicarás a tu familia y a tus amigos y salvarás muchas almas para Dios". Lobo pasó su pata sobre su cabeza y le dijo: "Bendecido eres en nombre de Jesús", y Ángel Wings se paró detrás de él y abrió sus alas arropándolo y le dijo así: "Jesús te protege como los pájaros protegen sus polluelos y tu equipo llegará a ser campeón del mundo porque Jesús estará con ustedes y tu equipo será un equipo cristiano porque tú y Jimmy le predicarán y serán todos ciervos de Dios y quizás tengas algunas pruebas porque el enemigo te pondrá obstáculos pero tu fe te levantará otra vez". Robert lloraba y le daba gracias a Dios y pedía perdón por sus pecados, también decía: "Volveré a la iglesia a reunirme con todos los ciervos de Dios", y Mariosa añadió: "Sí, porque Dios dice en su palabra que donde hayan dos o tres reunidos en su nombre ahí estará él y Dios cumple lo que promete siempre, aunque se tarde, cuando le pides algo él siempre lo cumple en su tiempo", y después que Robert recibió a Jesús como su único salvador también el Espíritu Santo se posó sobre él y pasaron unas cuantas horas y habiendo descolgado el teléfono y cerrado la puerta con seguro para que nadie interrumpiera, nuestros amigos se despidieron de Robert, no sin antes decirte que le contara a

Jimmy que los había conocido y sobre su encuentro con Dios y su hijo Jesucristo. Partieron de esas oficinas dejando a Robert envuelto en una emoción y lleno de la unción del Espíritu Santo. Ángel Wings cantando, alzó su vuelo con su preciosa carga y se paseaban por el aire para llegar al otro lado de la ciudad, muy contentos y cantando alabanzas al Señor daban vueltas hasta que divisaron un poblado no muy lejos de aquel lugar y bajaron para descansar y comer. La mochila de Mariosa estaba llena otra vez de comestibles que la mamá de Jimmy se ocupó de poner. Después de comer y descansar decidieron volver a emprender el viaje misionero y Ángel Wings alzó vuelo con nuestros amigos en su lomo y después de volar un rato vieron un grupo de personas en una casa, montados a caballos y muchas personas buscando por todos lados y vimos personas con cámaras de televisión. Entonces bajaron escondiéndose detrás de unos árboles mientras Ángel Wings se escondió en unas ramas dentro de un árbol y allí podían oír que estaban hablando y así fue que pronto se pudieron enterar cual era la situación. Una niñita de nueve años había desaparecido del patio de su casa mientras jugaba con su perrito. Era muy desesperante oír a aquella madre y a aquel padre llorando y pidiéndole a Dios que apareciera su hijita. Ya estaba cayendo la noche, mas no había señas de la niña, todos los voluntarios regresaron a sus casas sin ninguna respuesta a sus esfuerzos. La policía siguió buscando pero no aparecía por ninguna parte, los padres de la niña esperaban en su casa alguna buena noticia, más la buena noticia se la envío Jesús nuestro Salvador, cuando nuestros enviados de Dios tocaron a la puerta de aquella casa donde solo había tristeza, desesperación e impotencia. Se abrió la puerta y en esos momentos apareció la cara llena de lágrimas del papá de la niña y claro, ya nosotros esperábamos la reacción que le causaríamos al vernos, pero Mariosa reaccionó rápido y entró dentro de la casa diciéndole estas palabras: "Yo sé que ustedes no lo pueden creer pero estamos acostumbrados a estas reacciones cuando los humanos nos ven", y empujando al hombre entraron todos a la casa. La señora que estaba detrás de su esposo no salía de su asombro, pero Mariosa siguió diciendo: "No tenemos tiempo que perder, después nosotros le explicamos quiénes somos nosotros, ahora quiero que nos arrodillemos todos a orar para que Dios nos muestre el camino para encontrar a su hija". Dirigidos por Mariosa elevaron una petición a nuestro Señor Jesucristo. Después de orar Perroso le pregunta a los padres: "Díganme, ¿cómo se llama la niña?", la mamá respondió: "Se llama Angélica y le decimos Angie". Lobo pregunta: "¿Conocen a alguien o vieron alguna persona de quien ustedes sospechen? El papá contestó: "No, en verdad no sospechamos de nadie", entonces Mariosa preguntó: "¿Algún vecino nuevo que se haya mudado por aquí en estos días?", en ese instante el papá recordó que él corría una tarde como todos los días para hacer ejercicios y esa tarde había visto un hombre que era desconocido, él estaba corriendo también y lo había saludado amablemente. Perroso preguntó: "¿Dónde lo viste?, ¿dónde corría?, ¿viste si entró alguna casa por aquí?", el hombre haciendo un esfuerzo por recordar, dijo: "No, no lo vi entrar a ninguna casa", pero en un momento recordó algo, y dijo: "Un día vi que después que corrió se subió a un auto y se fue". "¿Qué clase de auto era, llegaste a ver el color o la marca? preguntó Ángel Wings. "Sí, era un auto verde brillante, lo miré bien porque me pareció raro que después de correr se fuera en un auto". "Bueno, por lo menos algo tenemos para empezar" dijeron todos. Mariosa dijo: "Corramos, no tenemos tiempo que perder, la vida de Angélica está en peligro", y saliendo de la casa montaron sobre Ángel Wings mientras los padres suplicaban: "Por favor encuéntrenla", así nuestros misioneros empezaron a recorrer todas las casas del vecindario, buscando el auto verde que le había descrito el papá de la niña. Ángel Wings voló por todo el vecindario con sus ojos de águila que pueden ver a la distancia todo lo que se mueve, y ya saliendo del sitio Ángel Wings alcanzó a ver una casa con un círculo en la entrada y en la parte de atrás pudo divisar un auto con la misma descripción y el mismo color que el papá les había dicho, y en cuestión de segundos Ángel Wings bajo ansioso y todos se escondieron detrás de la casa. Como las ventanas eran altas Ángel Wings era el único que podía en ese momento mirar por ellas. Así recorrió todas las ventanas de la casa con mucho cuidado, pues el águila es un pájaro muy grande y es difícil que no se vea, en ese momento por una de ellas pudo divisar en una de las habitaciones unos pequeños zapatitos en uno de los muebles, más adelante ve a la niña llorando en un rincón amarradita y con cinta adhesiva sobre su boquita, Ángel Wings conocía a la niña por una foto que los padres le habían mostrado a todos antes de salir. Más adelante Ángel Wings vio al hombre descrito también por el papá de la niña, venía subiendo las escaleras de la casa directo hacia la habitación donde se encontraba Angélica. El hombre llevaba en las manos una cámara, no sabíamos para qué, pero pronto nos dimos cuenta que desnudaba a la niña, le tomaba videos y también la golpeaba. Divisó también con su ojo de águila que estaba bien golpeada y maltratada. Nuestro amigo bajó velozmente y contó todo a los demás. Desesperados avanzaron invocando a nuestro Salvador, "Jesús facilítanos en estos momentos tu bendición y conviértenos otra vez en gigantes", mas su petición fue cumplida al instante, en segundos rompieron una de las puertas, corriendo suben las escaleras, el hombre escuchó los ruidos y agarró una pistola que tenía en su cintura y saliendo de la habitación enfrentándose con Lobo, disparó y Perroso cayó herido, mas Ángel Wings lo tomó con sus garras y lo sacudió, se disparó otra vez la pistola hiriendo también a Mariosa, pero Lobo lo mordió en una pierna cayéndosele el arma y Ángel Wings lo restrelló contra una pared cayendo bien golpeado, actuando rápido Lobo buscó una cuerda amarrándolo junto a la escalera. Perroso y Mariosa aunque estaban heridos y sangrando entraron al cuarto cubriendo a la niña con una manta para tapar su desnudez y bajaron con ella que lloraba sin consuelo.

 Los vecinos habían escuchado los disparos y los gritos, ya estaban frente a la casa junto con toda la policía, al salir Mariosa con Angie en los brazos los policías se disponían a dispararles a nuestros misioneros pues creyeron que ellos eran los secuestradores, pero una mujer y un hombre gritaron bien fuerte: "No, por favor no disparen, ellos son unos ángeles enviados por Dios para encontrar a mi niña", dijo la señora. Entonces la policía bajó sus armas, mientras Mariosa entregaba la niña a sus padres. Mariosa y Perroso fueron atendidos por los paramédicos que estaban allí, pues las heridas no fueron muy profundas y aunque los paramédicos estaban en shock hicieron su trabajo. La policía se llevó al malvado pedófilo y recogió todo el material que tenía en su propiedad donde pudieron descubrir otras muertes de niñas que nunca habían podido resolver incluyendo las de otras ciudades, además se dedicaba a vender pornografía infantil. Los padres de Angie y nuestros amigos se fueron a la casa de ellos mientras volvían a su tamaño normal después de llegar, todos querían hablar un poco. Mariosa comenzó a contarles la historia de ellos y como Jesús los había juntado para que fueran misioneros por toda la tierra mas todas las cosas que lograron hacer en nombre de Jesús el Hijo de Dios, en ese momento escucharon un ruido y a gente murmurando, cuando les tocaron la puerta fuertemente. El papá de Angie abrió despacio con un poco de temor mas no podía creer lo que estaba viendo, eran cientos de fotógrafos con cámaras de televisión, prensa de todos lados y todos se turbaron. "Pero, ¿qué pasa aquí?, ¿qué quieren? y ellos preguntaban: "¿dónde están? queremos verlos". "Ver ¿qué?" decía el papá de Angie. "Los ángeles, los animales que hablan, salvan vidas y predican la palabra de Dios, los hemos seguido por todas las cosas lindas maravillosas que lograron en otros lugares y aquí también, más no los podíamos localizar, pero hoy supimos de que salvaron a su hijita de un pedófilo, sabemos que son niños pero cuando tienen que utilizar la fuerza Dios los convierte en unos animales gigantes. Díganos si los podemos ver, por favor queremos entrevistarlos, esto es algo muy bueno para la humanidad que está sufriendo por las cosas malas de esta tierra porque ellos son unos súper héroes". Cuando Mariosa oyó esto salió y les dijo: "No somos unos súper héroes como caricaturas, Perroso salió de donde estaba, "no somos muñequitos de la televisión", también salió Lobo y Ángel Wings, eran cientos de cámaras encima de los autos y en los árboles pero Mariosa les dijo: "Tranquilos, hemos salido porque nosotros sabíamos que algún día tenía que pasar porque debemos comunicarles al mundo que somos y hemos sido tocados por la mano de Dios poderosa para decirle que él los ama demasiado. Sí, a ustedes los humanos que sacrificó a su único hijo Jesús de Nazaret para darnos su promesa de la vida eterna y con su muerte en la cruz Jesús cargó todos nuestros pecados. Dios cumple todas sus promesas, más él nunca falla y nunca miente, él es nuestro Padre poderoso y no existe, ni existirá nadie como él. Los fieles a Dios y a Cristo que leen la Biblia, visitan las Iglesias, tienen fe y creen en su palabra, saben del propósito de él, desde el principio cuando nos creó era darnos vida para siempre, la muerte no era para ustedes pero el hombre desobedeció, pero su palabra es verdadera y con la muerte del cordero que quita los pecados del mundo fue consumada su promesa, amén. Ahora con su infinita bondad no nos pide mucho, solo que lo amemos a él por sobre todas las cosas del mundo, aun más que a nuestros padres e hijos, porque él es primero, también amar a nuestro prójimo como a nosotros mismos y aun a nuestros enemigos. Nosotros como buenos hijos debemos sacar tiempo para él y no complacernos en los placeres de esta tierra solamente, somos muchas veces desagradecidos y no sacamos un momento para darle gracias, por el aire que respiramos, por todas las cosas lindas que nos regala cuando le pedimos algo y recibimos la respuesta, después nos olvidamos de tan solo decirle gracias Padre, cuan vacíos están aquellos que no lo tienen a él, por más cosas materiales que posean, su corazón le falta algo les falta la presencia de Jesús a su lado se sienten solos, mas luchan con su soledad utilizando a veces otros medios para llenar ese vacío provocándose ustedes mismos muerte y destrucción y hasta recuren al suicidio que no soluciona nada porque solo es un acto de cobardía delante de nuestro Rey de Reyes. Busquen de él y serán hombres nuevos, amén. Dios es poderoso y utiliza lo que desea para salvarnos, él es amor, por eso nosotros estamos aquí dos osos, un lobo y un águila, él nos envió a recorrer la tierra y caminamos las ciudades, los campos y los pueblos, como misioneros guiados por Jesucristo para llevarles la palabra de Dios y así cambien, para que busquen su rostro, para que el día que dejen este mundo él los reciba con los brazos abiertos porque hicieron su voluntad.

Dios nos prometió un paraíso donde la muerte y el dolor ya no existirá mas, donde todo será alegría, no habrán lágrimas, Jesús será nuestro único Rey para siempre y por siempre. Contéstenme: "¿Valen más los placeres de este mundo que la promesa de nuestro Padre poderoso?, lean la Biblia y en ella encontrarán la verdad que fue escrita por los apóstoles inspirados por Dios".

Cuando Mariosa terminó de decir esas palabras ocurrió un milagro: las cámaras bajaron aunque habían grabado todo pero ya no habían ruidos, ni peleas por tomar las primeras fotos, pasó algo maravilloso; los periodistas bajaron de encima de los autos, de los árboles y todos estaban arrodillados, mas se oían llantos, oraciones, gritos y gemidos que decían "Señor, Señor perdón por no darte tiempo, perdón", Ángel Wings revoleteó por encima de toda aquella gente y creció y creció hasta hacerse bien grande y con una voz fuerte dijo: "Aquí están tus hijos Jehová, alabándote para tu gloria y tu honra, han dejado todo lo que lo que los ata al mundo, la vanidad, el atropello con ellos mismos y aunque sea por un momento esta noche te están adorando y el Espíritu Santo ha venido sobre ellos para bautizarlos". Y los ojos de Ángel Wings se engrandecieron, fueron como llamaradas de fuego que se esparcieron por todo el cielo, más esa noche se iluminó como si fuera de día porque los ojos de aquel águila eran como dos soles gigantes y se volvió a escuchar la voz fuerte: "Jehová, así es que tu pueblo siempre te debe adorar, Dios Rey de Reyes, para cuando tu hijo Jesús venga con su santa gloria tu pueblo que es tu Iglesia sea rescatada para tu gloria, amén. Por eso Mariosa, Perroso, Lobo y yo seguiremos como misioneros llevando el mensaje de Jesús a todos los niños de la tierra para que amen a Dios desde pequeños y crezcan amándole a él sobre todas las cosas del mundo, ellos serán ejemplo para las demás generaciones, más cuando llegue el momento que Jesús regrese a la tierra, ya gran parte de la humanidad esté preparada para el rescate". Ángel Wings pasó por encima de aquellas multitudes que estaban arrodilladas y con sus alas gigantes revoloteó sobre ellas dejándoles una brisa fresca llena de un perfume celestial, envolviéndolos a todos de amor. El águila desapareció y a todos los que estaban allí orando y llorando de emoción le fueron secadas sus lágrimas con la brisa celestial y fueron rociados con aquel perfume delicioso que vino del cielo y aquellos fotógrafos con sus cámaras y sus autos, mas toda la gente que llegó del pueblo se quedó allí hasta que llegó otra vez la obscuridad, no se movieron en toda la noche ni regresaron a sus casas. Los periodistas se olvidaron de llevar la noticia para el otro día, allí amanecieron dándole gracias a Dios y confesando que Jesús era su único Salvador. Ya en la mañana todos regresaron a sus casas llenos del Espíritu Santo. Los periodistas se fueron poco a poco sin prisa por ser los primeros en llevar la noticia pues ellos sabían que todos dirían lo mismo de lo que vieron esa noche y lo que vivieron con la presencia de Dios tan cerca de ellos. Nuestros misioneros ya por la tarde estaban en todas las noticias de todos los países, la radio, televisión, periódicos, revistas. Venían periodistas de todos los rincones de la tierra, viajando hacia la ciudad y la casa donde se encontraban nuestros misioneros, ellos sabían que de ahora en adelante estarían bien ocupados dando declaraciones para que el mundo supiera cuál era su misión y que eran utilizados por nuestro Padre Celestial para tratar de rescatar a la humanidad de las garras del enemigo.

Pero los periodistas no pararon ahí y narraron en sus noticias todo lo vivido por ellos y cada uno habló diciendo en sus medios que de ahora en adelante nunca se separarían de Dios. Todas las personas y los niños que ellos habían ayudado estaban de camino para contar todo lo que ellos habían vivido con nuestros misioneros. Y como todo no era perfecto también estaban los que los criticaban y decían que ellos eran una farsa preparada para confundir a la gente. Pero nuestros misioneros sabían que a Jesús tampoco le creyeron y aunque ellos jamás se podían comparar con él, porqué Jesús era un hombre perfecto, claro era el hijo de Dios. Mariosa quiso reunirse un momento a solas con sus compañeros y dialogar para ponerse de acuerdo sobre todo lo que estaba pasando, el tiempo había avanzado sin darse cuenta y querían seguir su misión, ya todo el mundo los conocía, mas les esperaba muchos caminos por recorrer para seguir ayudando a los niños y a sus padres a encontrar la fe en Dios.

Perroso dijo: "Necesitamos ayudar a los que tienen problemas de drogas, a los que piensan suicidarse, porque ellos creen no encontrar solución a sus problemas, también los violadores, adúlteros, criminales, también los que roban, son muchos los que necesitan nuestra ayuda en nombre de Jehová. Sabemos la solución para ellos, predicarles la palabra de Dios y por medio de él llegar a buscar el rostro de Jesús, pues únicamente con él a nuestro lado podemos cambiar y cuando él regrese a buscarnos seamos muchos los que partamos con él al reino prometido y así se cumplirá su palabra como está citado en la Biblia y confirmadas por el propio Jesús cuando vino a la tierra hecho hombre". Perroso añadió: "Como dice la Biblia, también la gente debe congregarse en las iglesias, pues es la casa de Dios y él dice que donde hay dos o tres reunidos en su nombre allí estaré, porque en la iglesia lo alabamos, cantamos canciones a su nombre, oímos la palabra y por eso podemos sentir su presencia a nuestro lado, mas cuando Jesús regrese a la tierra a buscar su pueblo los que estén en las iglesias alabando a Dios serán levantados como nubes".

Ya decididos que debían marcharse lo informaron a los padres de la niña, mas era imposible ocultar su retirada pues los periodistas no se movían de aquel lugar y cuando se preparaban para salir tuvieron que explicarles a todos ellos y la tristeza invadió aquella ciudad y sus habitantes no paraban de llorar por ellos. Nuestros misioneros sabían que todos los ojos del mundo estarían puestos en ellos y los periodistas los seguirían donde quiera que fueran. No podían parar, tenían que seguir adelante y ellos declaraban ante Dios que muchas más almas serian añadidas al libro de la vida por la palabra que ellos llevarían por el mundo, anunciando las buenas nuevas de nuestro Jesucristo. Así, Ángel Wings abrió sus alas ante las miradas atónitas de los reporteros con sus cámaras y los gritos de todo el que los vio marchar, alzando vuelo con su preciosa carga y perdiéndose en el horizonte. Después de volar por largo rato sin parar hasta el cansancio y ya cayendo la noche, bajaron para descansar, comer algo y dormir. El sitio donde llegaron era una montaña llena de nieve en su cima, mas después de orar y darle gracias a Dios por sus alimentos, reposaron y volvieron a orar antes de dormir en una cueva que habían encontrado en el lugar. Excepto Ángel Wings que siempre dormía sobre un árbol alto como todos los de su clase. Ya en altas horas de la noche se escuchó un ruido y un aleteo y todos se despertaron y corrieron fuera del lugar y escucharon una risa burlona que venía de arriba de la cueva. Y ahí estaba aquel cuervo llamado Goliat, que volvía a interponerse en nuestros caminos. Se burlaba con una risa sarcástica, y preguntó: "Ahora díganme, ¿dónde van a viajar, van a volar por los aires?", más todos se miraron y dijeron a la vez: "¡Ángel Wings!". Corrieron al árbol donde descansaba el águila y no estaba, y miraron al piso y le vieron tirada, Mariosa le habló: "Dime Ángel Wings que no estás muerta", mas ella contestó débil: "No, no estoy muerta, pero el cuervo me arrancó mis plumas, y ahora no puedo volar". Entonces miraron donde estaba ese malvado, pero se había alejado, mas con mucho cuidado ellos alzaron a Ángel Wings y lo llevaron a la cueva. Entonces sintieron un gran estruendo y vieron como la cueva era clausurada por unas grandes piedras y se puso todo oscuro; era Goliat que les había encerrado para que murieran allí, y fuera de la cueva, ellos podían oír su risa burlona, mas ellos decidieron estar tranquilos pues estaban seguros que Jesús estaba al lado de ellos y decidieron arrodillarse y pedirle al Santo Padre que los ayudara y así orando se quedaron dormidos, pero de pronto un rayo de luz que entró por una abertura los despertó. Ángel Wings se sentía muy débil pues las plumas le hacían falta, más habían sido arrancadas brutalmente y sentía dolor en sus extremidades. Nuestros misioneros podían ver la luz del sol por aquella abertura y sirvió para que Mariosa pudiera curar a nuestra bella águila con medicamentos que le habían regalado en aquella ciudad y que cargaba Perroso en su mochila. Pasaron todo el día orando a Dios que los ayudara, y aquel día no pasó nada. Dios siempre hace las cosas en su tiempo, más ellos sabían eso, por lo tanto estaban tranquilos sin impacientarse. Llegó la noche, oraron, comieron y se recostaron, pues por la abertura les entraba aire, más cuando estaban quedándose dormidos oyeron unas campanas, se escuchaban bien suaves. También entró una luz como un rayo y no podían ver nada, porque la luz los cegaba y se acercaba más y más el resplandor fuerte y el sonar de las campanas era más agudo. Y no veían nada todavía. De pronto oímos como metales que chocaban unos con otros y detrás un aleteo fuerte y acto seguido la cueva se abrió por el medio como si la hubiera partido algo muy filoso, la luz se hizo más brillante y fue un asombro para todos, Ángel Wings recibió unas alas nuevas para poder volar.

Estas no eran plumas normales, eran como espadas o cuchillos afilados y lucía majestuoso, precioso aquella águila de Dios. Sabiendo que tenía una misión que cumplir voló con seguridad hacia un árbol, mas el cuervo Goliat al verlo cambió sus ojos como si fueran de sangre y aunque estaba asustado se hizo el fuerte aunque veía que las alas del águila brillaban como espadas y le dijo: "Yo te destruiré porque mi amo me dará fuerzas para yo vencerte". Más Ángel Wings le contestó: "Tu amo siempre ha querido ser más poderoso que mi Dios pero eso no será nunca porque Jesús lo venció a él en la cruz del calvario y le quitó las llaves del hades y el seol y pronto tu amo y todos sus demonios incluyéndote a ti serán tirados al abismo de fuego, pero ahora te llego tu momento de morir", y alzándose aquella águila preciosa como una nube negra llena de espadas se abalanzó sobre aquel malvado y más de un solo zarpazo lo tiró a un lado y estaba votando un líquido amarillo como si fuera sangre. Ángel Wings volvió sobre él y como si fuera una cebolla lo picó en rebanadas matándolo en el acto, convirtiéndose en una masa amarilla y dejando un olor muy desagradable en el ambiente. Con gran satisfacción reflejada en su cara nuestra águila bajo e inclinándose en la tierra alzó sus alas hacia arriba dándole gracias al Creador por su protección, mas todos se arrodillaron para alabar a Jehová Todopoderoso y allí estuvieron por horas hasta que amaneció. Después que terminaron de alabar a Dios abrieron sus ojos y que sorpresa tan bonita se llevaron, Ángel Wings tenía todas sus plumas otra vez y más bonitas que antes, ahora era más bello y por la gracia de Dios. Ya habiendo terminado con ese malvado de Goliat, decidieron volver a emprender el viaje otra vez, entonces Ángel Wings se preparó para que sus amigos montaran sobre su lomo, alejándose y dejando atrás el sitio donde todo había sido una pesadilla y un triunfo a la vez, porque Dios siempre estará con ellos para que no les pase nada. Muy contentos por todo lo sucedido estaban de camino a llevar alegría y sabiduría a otras personas en la tierra que necesitaban saber que no hay nada mejor para la humanidad que darle el primer lugar a Dios, reconociendo que Jesús es nuestro único salvador; por esa razón él murió en la cruz y sufrió tanto.

    Después de llevar muchas horas volando, pasaron por una parte cerca del océano y vieron un enorme barco que cruzaba y como estaban cerca de una isla pudieron ver como el barco se anclaba en el puerto, a ellos les dio tanta curiosidad pues nunca habían visto un crucero tan cerca, decidieron bajar y esconderse en un sitio donde nadie pudiera verlos, rápido observaron cómo mucha gente bajaba de aquel gran barco; hombres, mujeres y niños, todos bien contentos. Claro, estaban de vacaciones, son personas que trabajan todo el año para poder disfrutar al final de unas merecidas vacaciones. Cada persona que bajó del crucero caminó hacia diferentes lugares, aunque vieron que muchos se quedaron y no salieron porque prefirieron disfrutar de las atracciones dentro del barco. Pero nuestros amigos decidieron quedarse allí un tiempo en lo que descansaban y comían, pues Ángel Wings habían volado bastante y se sentía bastante cansado, además era una isla muy bonita y quizás se quedarían unos días ahí también, ni pensaron en ver todo el movimiento del barco porque era algo nuevo para ellos.

Decidieron darse un pequeño chapuzón en el agua de la playa, en un ladito donde no había gente, ellos se tiraron, mas no perdieron la oportunidad de pescar y agarraron un pez para comérselo entre todos, pues de todas maneras era su naturaleza. Allí disfrutaron un tiempo para refrescarse del calor y a la vez darse un banquete con los peces y hasta Ángel Wings comió. Cuando ya se hacía tarde decidieron salir del agua y caminar a escondidas, pero Perroso como niño al fin, corría para mirar todos los bañistas en la playa y ahí fue cuando alcanzó a ver una persona batiendo el agua desesperadamente con las manos, mas gritaba: "Ayúdenme por favor", entonces se dieron cuenta que alguien de aquella multitud en el agua se estaba ahogando y nadie lo había visto. Perroso corrió donde sus amigos y todos en ese momento sin importarles ser vistos por la gente se lanzaron al agua. Mariosa y Perroso fueron los primeros en llegar donde estaba la persona ahogándose, nadando lo más rápido posible, al llegar se dieron cuenta que era una mujer. Ángel

Wings también fue volando, la mujer ya estaba debajo del agua tratando de respirar y entonces Perroso y Mariosa la levantaron hacia arriba y Ángel Wings con sus garras la sujetó por el pelo, la llevaron hacia la orilla y todo ante el asombro de toda la gente que se acumuló para ver el rescate tan espectacular nunca antes visto.

Ya fuera del agua Mariosa se abalanzó sobre la mujer apretándole el pecho mientras otra persona del público le daba respiración hasta que la señora botó el agua que había tragado, provocando así que volviera a respirar, en eso llegó la ambulancia llevándose a la señora. Cuando nuestros héroes se marchaban, ya la multitud empezó aplaudir: "Qué vivan los héroes", mas unas personas decían: "Ellos son, ellos son, los misioneros que salieron en las revistas y todos los periódicos y la televisión, son ángeles enviados por Dios", todos los allí presentes se acercaron a ellos, mientras otros se arrodillaban algunos los miraban diciendo: "Pero si son unos animales y animales que no frecuentan por estas islas", preguntándose entre ellos mismos, "¿será verdad que son unos ángeles?. Las personas se movían de un lado para otro mirándolos con asombro. Pero lo que ellos no se esperaban era que en ese momento aparecieran unos hombres con rifles y redes. Todos se quedaron mirándolos, preguntándose a que venían pues eran cazadores, y no pasaron muchos segundos para darse cuenta de sus intenciones. Venían a cazar a nuestros misioneros como si fueran animales comunes. Y antes que las personas allí presentes lo pudieran evitar, los cazadores dispararon sobre ellos dardos para dormirlos y poderlos cazar, nuestros amigos se durmieron instantáneamente. Ángel Wings trató de volar pero fue alcanzado por otro dardo cayendo al piso dormido. Fue inútil que muchas personas de las presentes trataran de evitar el rapto pues los amenazaron con la policía que participaba con ellos en la cacería. Rápidamente se los llevaron hacia una parte del pueblo metiéndolos en una jaula. Como era tarde en la noche nuestros protagonistas pasaron la noche dormidos en ese sitio, metidos entre rejas de acero. Cuando ya estaba amaneciendo y ellos despertaron ya estaban rodeados de la gente que los miraban y murmuraban entre todos: "Ellos no tienen por qué estar encerrados ahí, tenemos que sacarlos de aquí, ya pronto se va el barco y podemos salvarlos de esta gente que solo los quieren para sacar dinero exhibiéndolos como si fueran trofeos, pero los vamos a liberar lo más pronto posible". Nuestros misioneros estaban escuchando el plan de la gente e interrumpiéndoles les dijeron: "No hagan nada ustedes, no pueden arriesgarse, esos hombres son malos, pero nosotros tenemos a alguien que nos protege y no permitirá que nadie nos haga daño, aprovechando que están ahí arrodíllense todos, dijo Mariosa, pues vamos a orar", muchos de los que estaban presentes tenían sus biblias en las cartera especialmente las mujeres. Empezaron a leer los Salmos escritos por el Rey Salomón. Cuando terminaron de orar, Mariosa les predicó. También Lobo, Perroso y Ángel Wings, pero antes que terminaran aparecieron aquellos malvados hombres, furiosos al ver todas las personas alrededor de las jaulas, corrieron hasta nuestros amigos para tratar de dormirlos de nuevo, pero en ese mismo instante bajó una nube del cielo cubriendo las jaulas por completo, mas los cazadores ya no podían verlos y la gente no creía lo que estaba pasando dentro de la nube, mas toda la multitud incluyendo las cazadores cayeron arrodillados al piso. Claro, en ese momento estaban comprobando que Dios protegía a esos animales que tenían una misión para cumplir en el mundo pues ellos eran sus ciervos y con los hijos de Dios nadie se mete. Pasados unos minutos poco a poco se fue levantando la nube, dejando ver ante los ojos atónitos de todo el gentío a nuestros bellos profetas de Dios fuera de las jaulas y llenos de una preciosa luz radiante iluminando el lugar como rayos de sol.

    Mariosa llena de luz dijo estas palabras: "Dios es amor, más nunca temeré porque mi fortaleza y mi fe es Jesús quien ha sido salvación para sus seguidores y los que llevan sus mandamientos y yo clamaré el nombre de Jehová en aquel día y sus obras las verán todos los pueblos más engrandecerán su nombre, porque la gloria de Jehová es grande".

Perroso, Lobo y Ángel Wings le siguieron con estas palabras preciosas: "Cantemos salmos a Jehová pues ha hecho cosas maravillosas, que se sepa por toda la tierra más, él envió a su único hijo Jesucristo a morir por nosotros y derramó su sangre por el perdón de nuestros pecados, él nos ama tanto pues nos dio la vida y todo el aire que respiramos, no hay ni abra nunca un Padre como él".

Cantemos salmos a Jehová porque él es el Santo de Israel y entonemos alabanzas porque poderoso es el León de Judá.

Regocijados y comenzaron todos a cantar esta linda alabanza que decía: "Padre de la gloria santo de Israel, no te alejes nunca de mi porque cuando siento tu espíritu en mi ser, mi cuerpo se estremece de emoción, porque estoy lleno de ti, y ya no siento vacío desde que te conocí, canten a Jehová los seres de la tierra y sentirán como su vida cambiará".

Después de esa alabanza, todos estaban llorando y orando, muchos saltaban llenos del Espíritu Santo, los hombres ósea los cazadores le pedían perdón y le decían: "Benditos sean ustedes, pues nos enseñaron como adorar a Dios y a reconocer que Jesús es nuestro único Salvador, alabado sea el nombre de Jehová en la tierra y en los cielos para siempre y toda la eternidad".

Todos vinieron hacia ellos para abrazarlos porque querían tocarlos más y decirles cosas bonitas. Una mujer se acercó a ellos llorando bañada en lágrimas, tomó la mano de Mariosa para besarla, también los pies de ella y Mariosa no se lo permitió, más le dijo: "Cuándo estés frente a Jesús entonces puedes acariciarlo, besar sus manos y sus pies, él es digno de toda adoración porque él es tu Creador, yo solamente soy una predicadora que él ha utilizado para llevar su palabra y anunciar las buenas noticias de su regreso a la tierra a buscar sus hijos, aquellos que han hecho su voluntad y han tenido fe en él sin haberlo visto nunca, también los que siempre le han dado el primer lugar a él y amado a su prójimo como a ellos mismos, por eso todos debemos estar preparados para irnos con él". La señora entonces le dijo: "Es que fui yo la que me estaba ahogando y ustedes me salvaron la vida", Perroso le contestó: "Te salvamos la vida sí, y ahora te queremos salvar de otra manera y será adorando a tu Padre Celestial con todo tu corazón, sobre todas las cosas del mundo y haciendo su voluntad porque dice la palabra así, todo aquel que tenga fe en mí y me ponga primero que su padre, madre, hijos y esposo será levantado en aquel día y junto a mi estará en el cielo para siempre, donde ya no habrá más lágrimas, ni dolor y la muerte no existirá más". Después de oír esas palabras todos caminaron junto a todas esas personas y también los cazadores, pues algunos viajaban en el barco que ya tenía que partir de ese puerto, ya frente a la entrada todos le pedían a nuestros misioneros, por favor viajen con nosotros, se lo suplicaban algunos hasta llorando y aunque ellos se negaron varias veces fue precisamente en ese momento vieron bajar al capitán del barco y les dijo: "Sería un honor tenerlos a bordo". Entonces él los convenció a viajar con ellos. Ya al atardecer partió el crucero dejando una gran cantidad de personas allí junto con los cazadores en el puerto diciéndole adiós y dándole las gracias porque eran hombres y mujeres nuevas en Jesús el hijo de Dios.

Ya en alta mar todos se reunieron al lado de ellos para verlos y oírlos predicando y mientras seguían su viaje ellos iban experimentando algo nunca visto por ellos. Un viaje por el mar en un crucero y como niños al fin, era una aventura maravillosa, durmieron, comieron bien, predicaron la palabra a los niños y jugaron con ellos, pero llegó un momento en que ellos leían la Biblia a un grupo y les extrañó una niña pues estaba sola y triste en un rinconcito. No compartía con ellos ni con los demás, ya por varios días se habían dado cuenta que estaba un poco alejada de todos. Mariosa decidió acercarse a ella diciéndole con voz dulce: "Dios te bendiga, ¿cómo te llamas?, ella la miró con lágrimas en sus ojos diciéndole: "Me llamo Elizabeth", "qué lindo nombre" le contestó Mariosa a Elizabeth, quien le agradeció. Mariosa preguntó: "¿Por qué lloras y estás tan solita? puedes confiar en mí, aunque te parezca raro pues no soy humano, pero como si lo fuera, también Dios me creó y quizás pueda ayudarte", pero eso fue suficiente para que la niña se echara a llorar con mucho sentimiento. Entonces Mariosa, acostumbrada al dolor, pues otras veces había visto niños estallar en llanto, manejó la situación de esta manera; "Elizabeth, llora si eso te sirve para que te desahogues pero cuando te sientas mejor por favor cuéntame, para poder ayudarte con la bendición del Padre poderoso". Mariosa acogió en su pecho a la niña hasta que paró de llorar por completo y con mucho dolor Elizabeth le narró a Mariosa lo que le acontecía y le dijo que su familia había planeado este viaje porque a su papá le habían diagnosticado un cáncer terminal, que solamente le quedaban unos meses de vida y querían para sus últimos días hacer cosas diferentes y cambiar la rutina de antes cuando solo viajaba de la casa al trabajo, deseaban hacer cosas con el que nunca habían hecho juntos porque nunca él tenía tiempo por el exceso de trabajo. Él era el presidente de una compañía muy importante y nunca se tomaba un tiempo de vacaciones. Elizabeth le comentaba a Mariosa que no se sentía feliz en ese viaje sabiendo lo que le esperaba, el dolor de perder a su héroe no sabía cómo iba a soportarlo, y le dijo: "Yo preferiría no estar de vacaciones, pero que mi papá esté bien de salud". En ese momento Mariosa comprendió el dolor de esa niña y su tristeza y también lágrimas brotaron de sus ojos, pero tomando control de la situación, como ella nada más sabía hacerlo. La abrazo y le dijo: "¿Sabes?, yo quiero conocer a tu papá y a toda tu familia, pues Dios el Todopoderoso nos trajo a este barco porque él tiene un propósito contigo y tu familia. Ahora quiero que vayas a dormir y vas a dormir tranquila pues Jesús velará tu sueño y él será siempre nuestro abogado allá en el cielo frente al Padre poderoso, pues él mando a su único hijo a la tierra a morir en una cruz para la salvación de nuestros pecados y murió maltratado y sacrificado pero resucitó al tercer día y está sentado a la derecha del Padre allá en el cielo para toda la eternidad. Mañana tenemos mucho que hacer, primero conoceré a tus padres y luego nos reuniremos todos a orar por la salud de tu papá". Todos se fueron a dormir, pero no antes que Mariosa le narrara a sus compañeros lo que la niña le había contado y cuanto la había conmovido, por lo tanto ellos cuatro ayudarían, pues Dios les había encomendado esta misión para la gloria de él. Cuando amaneció nuestros misioneros al ver la luz del sol en el horizonte brincaron de sus lechos para prepararse y salir de su cuarto. Ya había un grupo de gente esperándolos para desayunar, antes de tomar sus alimentos Perroso tomó la iniciativa y les dijo a todos vamos a darle gracias a Dios por estos alimentos que vamos a desayunar y todos bajaron sus cabezas y Perroso comenzó a decir en voz alta: "Padre nuestro, Rey de Reyes aquí estamos todos en tu presencia para darte gracias por estos alimentos que vamos a consumir. Te pedimos Señor que nos des siempre de comer y nunca nos falte nada, te pedimos también que le des de comer aquellos con hambre porque no tienen, te damos gracias por dejarnos compartir la mesa hoy con todos nuestros hermanos aquí presentes, amén".

Todos consumieron el desayuno, felices, acompañados de los que ellos llamaban Ángeles de Dios, después de terminar caminando por el barco Mariosa alcanzó a ver a Elizabeth que venía corriendo hacia ella y le dijo: "Los vengo a buscar para reunirlos con mi familia que está esperando en la suite de mis padres". Nos fuimos todos directamente al sitio donde ella nos dirigió. Cuando llegamos entramos y allí estaban todos reunidos, la habitación era de las más grandes del barco, la niña nos presentó el papá y a la mamá, habían otras personas no sabíamos si eran familia o amigos. Lo importante era que todos ya sabían quiénes éramos nosotros. Elizabeth fue presentándolos a todos; el papá se llamaba James y su mamá Karen, luego nos presentó con un hermano, la esposa, sobrinos y dos hermanos más y sus esposas y así conocimos parte de la familia de Elizabeth que los acompañaban en el viaje. "¿Quieren tomar algo?" preguntó uno de los hermanos, Mariosa contestó que no, quizás luego. El padre de la niña dijo: "Estamos muy contentos de que estén aquí con nosotros, Elizabeth nos dijo que ella les había comentado de mi problema", y Mariosa le dijo que sí ya estaban enterados de todo lo que estaba la familia pasando y que le había pedido a Elizabeth una entrevista con él para dialogar al respecto. Quiero que sepa que Dios nos guía por medio de su hijo Jesucristo, quien murió por nosotros y derramó su sangre por el perdón de nuestros pecados y por curar nuestras heridas. "Y, ¿qué pueden hacer ustedes por mí? preguntó James, si porque ya estoy desahuciado por los médicos y no tengo remedio, me dicen que solo tengo unos meses". Rápido nos dimos cuenta que él no era muy creyente, pero Jesús dijo que: "Yo no vine a buscar los que están sanos, sino los que están enfermos". Y entonces Mariosa le dijo: "James si tienes fe como un grano de mostaza será suficiente para él, porque por la fe seremos sanados. Quizás los médicos no pueden hacer nada más porque están limitados a la ciencia, pero al Dios que nosotros le servimos puede hacer mover una montaña, porque para él, nada es imposible. El cuerpo que usted tiene James fue hecho perfecto, para que nunca sintiera dolor y ninguna enfermedad le aquejara y para que nunca muriera, pero ese propósito fue dañado por el mismo hombre que desobedeció en el principio, pero Jehová a pesar de todo nos volvió a dar una promesa que nosotros seríamos salvos. Todo lo que Jehová promete lo cumple, por eso sacrificó a su único hijo para que todo aquel que en él cree y siga sus mandamientos tenga vida en abundancia. Jesús derramó su última gota de sangre por el perdón de nuestros pecados. Por eso no hay que tener duda que cuando él quiere hacer un milagro, no habrá nada que lo detenga, si usted confía en él y lo acepta como su único salvador y reconoce que sin él no hay nada, él hará el milagro porque él es el Rey de Reyes y Señor de Señores". El padre de la niña estaba maravillado de escuchar todas esas palabras que nunca en su vida había oído, porque nunca había tenido tiempo ni para leer un párrafo de la Biblia, no había visitado una iglesia en toda su existencia. Perroso al ver lo interesado que se mostró James le dijo: "Hay cierto capítulo en la Biblia que dice que el hombre que se aparta del camino de la sabiduría vendrá a parar en la compañía de los muertos y hombre necesitado será el que ame el deleite, Proverbios 21:16, cita por eso le digo a usted James, como dijo Jesús, en vano se afana el hombre, porque nada de lo que tiene en la tierra llevará en su muerte. Solamente llevará lo que hizo antes de morir. Amar a Dios sobre todas las cosas y darle su lugar, alabando y adorando su nombre con todo el corazón.

Más que a nadie, que a tu padre, que a tu madre, incluso a tus hijos, Jehová debe tener el primer lugar en tu vida y así te llevarás a la tumba una sonrisa y él te estará esperando con una sonrisa y los brazos abiertos. Cuando el juicio final llegue, serás levantado a su presencia, amén". Entonces Lobo añadió: "Uno tiene que trabajar James, porque Jesús dijo que el que no trabaje que no coma, pero también tienes que darle tiempo a Dios, el tiempo de él es sagrado, porque sin Jesús no encontrarás la luz y aunque seas rico y tengas tesoros almacenados, de nada sirven porque el día de tu muerte no te llevarás nada, sino que lo dejaras en manos de otros que contenderán y hasta morirán por esos bienes materiales. "¿Sabes? no hay sabiduría, ni inteligencia, ni consejo contra Jehová, más él es quien da la palabra, Proverbios 21-30, cita bíblica".

Entonces Ángel Wings levantó sus alas y aleteó con fuerza y dijo: "Nunca un hombre debe olvidarse de Dios por el trabajo, porque todo tiene su tiempo en esta vida y hay que sacar tiempo para la familia y amigos, pero sobre todo para nuestro Señor. No solamente tu familia es tuya, sino que Dios te la dio para que la cuidaras en la tierra y la encaminaras en su verdad, porque le pertenecen primero a él que a ti, porque él le dio el soplo de vida y luego los puso bajo tu cuidado aquí en la tierra. Pero todavía tienes una esperanza, porque mientras haya un hilo de vida y fe, cualquier cosa puede suceder y nosotros estamos aquí enviados por Jesús para darte ese milagro que Dios tiene para ti. Para Dios no hay enfermedad que él no pueda curar, porque si tú estás con él, entonces él estará contigo como poderoso gigante, preparado con escudo y espada para pelear por ti, como el

Dios de Israel, como soldado que va al frente de un pelotón a la guerra. Él va a preparar mesa para ti y toda tu familia, amén".

Al terminar Ángel Wings con aquellas palabras y al abrir los ojos no se imaginaba lo que estaba pasando en aquel lugar, todos estaban arrodillados, llorando y pidiendo perdón, James tenía las manos sobre su cara y decía: "Señor, Señor, que ciego yo he estado, porque he sido tan avaro y solamente pensé en mí y nunca me preocupé por saber nada de ti, de lo grande que eres y lo mucho que me quieres y yo como un egoísta no te busqué y siempre te desprecié, porque nunca creí en tu existencia, pensé que todo estaba en esta tierra y que no había nada más, perdóname Dios y te doy gracias por enviarme estos misioneros que han sido como ángeles y te prometo Señor de todas las horas, días, meses o años que me des, los dedicaré a ti primero y luego a mi familia, te entrego mi corazón y reconozco a Jesucristo como mi único salvador.

Te doy la gloria y la honra que tú te mereces". Además de James todos los demás oraban y reconocían a Jesucristo como su único salvador y pasaron un tiempo arrodillados en aquel lugar.

De pronto sintieron un aire fresco sobre sus cabezas que pasó rápido y cuando miraron, James estaba abrazado a nuestros misioneros y una luz brillante que venia del cielo los arropaba y pasaron tiempo así hasta que la luz se fue disipando. Entonces toda la familia descansó, y llorando todavía dieron gracias a Dios por sus misioneros. Entonces vino Elizabeth a nosotros y nos besó y abrazó llorando, diciendo: "Ahora sé que si la voluntad de Dios es que mi papá que parta de este mundo, pues sé que se irá con él y eso me hace sentir más conforme", igual la esposa y demás familiares exclamaron lo mismo. James lleno del espíritu de Dios dijo: "De ahora en adelante toda mi fe y esfuerzos están en Dios nuestro Señor y nunca abandonaré sus caminos y cuando llegue el día de mi muerte, sé que partiré con él, eso es suficiente para mí".

Después de eso ellos oraron y comieron juntos y conversaron hasta el momento de irse a dormir y descansar pues al otro día era la despedida ya que el viaje llegaba a su final. Ya en la mañana como el barco llegaba a su destino final, el capitán convocó a una reunión de todos los que estaban en el barco. Pidió que todos se congregaran en la parte más grande del lugar y ahí le dijo a Mariosa que dirigiera una oración para todos los allí presentes y así Mariosa lo hizo. Todos se unieron en un gran clamor y aunque había más de mil doscientas personas se entregaron al Señor para darle testimonio al mundo de que quien ordena sus caminos, Dios le mostrará la salvación.

Nuestros predicadores y misioneros se marcharon delante de todo aquel grupo de personas quienes les decían adiós. Todos los periodistas y la gran multitud se dieron cita en aquel puerto pues sabían que ellos venían ese barco. Ángel Wings alzó vuelo pero no sin antes Mariosa dirigirse a ellos diciéndoles: "Adorad al Señor, alabadlo en espíritu y verdad porque él es y será el Rey de todas las naciones. Jesús vendrá con toda su santa gloria a rescatar a vivos y muertos, más todos los que hicieron su voluntad heredarán el reino, porque esa es su promesa y lo que él promete, eso cumple".

Así emprendieron el viaje con otro destino que no sabían dónde y que les esperaría para seguir su misión por el mundo. Ya pasado los días de lo acontecido, habiendo recorrido un largo viaje y que nuestros protagonistas habían descansado se detuvieron en un pueblo donde caminando por el pueblo se encontraron con varios niños que le dijeron: "Nosotros sabemos de ustedes y estamos orando siempre para que nada les pase, también visitamos la iglesia con nuestros padres y somos parte de varios ministerios para niños que tiene la iglesia. Adoramos a Jesús con todo nuestro corazón y deseamos enseñarles algo". Los niños llevaron a Mariosa, Perroso, Lobo y Ángel Wings a un lugar donde tenían recortes de periódico y revistas con las fotos de ellos por todas partes, hablando sobre un testimonio, entre ellos había una portada que decía: "Dos osos, un lobo y un águila guiados por Dios para salvar los niños del mundo". También estaba la historia de Elizabeth la niña del barco; allí ella relataba su testimonio diciendo que hace dos días su papá fue para un chequeo del cáncer terminal que lo aquejaba, el cual le causaría la muerte, y había desaparecido, estaba sano y los doctores decían que eso había sido un milagro. Su papá ya no trabajaba tanto, porque ahora dedicaba su vida primero a Dios, congregándose, trabajando en ministerios y dedicándole a su familia el tiempo que ella merecía. También le daba gracias a esos misioneros que aunque eran unos animalitos,

Dios los había utilizado para cambiar su vida, curarlo de una enfermedad terminal pero sobre todo para salvar su alma. Cuando ellos leyeron ese artículo, entonces se arrodillaron a darle gracias a Dios por ese acto de amor y compasión, por ese milagro. Los niños también oraron por ellos y al terminar ya todo el pueblo sabía que ellos estaban ahí.

Al otro día fueron a conocerlos muchas personas, especialmente mujeres que padecían o habían sido víctimas del cáncer de mama. Organizaron una maratón donde nuestros misioneros estarían al frente dirigiéndola. Así lo hicieron y al terminar se reunieron todos en la plaza de aquel pueblo a orar y darle gracias a Dios por la esperanza de la vida eterna, que viene con la fe, el amor, la obediencia y el perdón a nuestros enemigos.

Después de salir de ese pueblo, contentos y agradecidos de Dios, nuestros misioneros decidieron tomarse una pausa en su misión para visitar a sus familiares y amigos en sus respectivos lugares, para después seguir sus caminos otra vez por el mundo como Dios les había encomendado, porque esa era su labor. Ir por el mundo y seguir buscando niños, padres y amigos que necesitan a Dios en su corazón, que estén pasando por situaciones difíciles y que no tienen conocimientos de un Dios vivo que sana y salva tanto este cuerpo imperfecto como nuestras almas para que le entreguen su corazón, amor y lealtad a aquel que nos dio la vida. Aunque nosotros pecamos y pecamos, él siempre está dispuesto a perdonar, a recibirnos con los brazos abiertos y nunca dejarnos desamparados y aunque nosotros no tenemos la suficiente fe en él cómo deberíamos, él siempre está dispuesto y nos da tiempo para que recapacitemos.

Nos da un día detrás del otro para que pensemos en él, para que le pidamos a él, porque a veces él permite que pasemos por problemas, por pérdidas, para que sepamos que él está ahí al lado de nosotros, esperando tu oración, esperando tu plegaria, porque tú sientes esa necesidad y pides de corazón, él responde a tus peticiones y te da en abundancia.

Dios es el dueño de todo, del oro y la plata, de la salud, del universo, de la vida, nada se mueve en este mundo sino es su voluntad.

Mariosa, Perroso, Lobo y Ángel Wings le dan casi todo su tiempo a Dios porque esa es su misión, pero también hacen un alto para darles tiempo a sus familias porque así lo quiere Dios. Pronto ellos volverán a llevar la palabra de Dios porque todavía le queda mucho camino que recorrer antes de la segunda venida de Jesús a la tierra para el juicio final. Amén.

FIN

Mi nombre de pila es Maria Isabel, pero toda mi familia y amigos me llaman Marisa que es una abreviación de ambos nombres. Claro a mí me gusta mi apodo.

Yo nací en un pueblo pequeño de Puerto Rico llamado Juncos y estoy muy orgullosa de mi isla preciosa. Aunque ahora vivo en Florida nunca olvidos mis raíces.

Soy cristiana y amo a Dios con toda mi alma y todo mi corazón. Fue en la Florida que entregue mi corazón a Jesús en una iglesia llamada Renacimiento Cristiano. Allí me bauticé junto a mi esposo Orlando Aponte que ya conocía al señor desde niño. Fue tan maravilloso ese momento que nunca lo olvidare.

Tengo tres hijos los cuales amo con todo mi corazón, Elizabeth, Noemí y Raúl.

Este libro fue una inspiración de parte Dios y espero que les guste y de alguna manera llene sus corazones. Soy del señor la niña de sus ojos.

Gracis,

Marisa Aponte